Dinah Ribeiro
de Amorim

A VIDA É UMA AVENTURA

Coordenação Editorial: **Ofício das Palavras**
Revisão: **Ofício das Palavras**
Ilustrações: **Camila Lourenço Giudice**
Projeto Gráfico, Capa, Diagramação: **Tatiane Lima**

12241- 000 São José dos Campos, SP
Telefones:(12) 99715-1888 / (11) 99976-2692
contato@oficiodaspalavras.com.br
www.oficiodaspalavras.com.br
@oficio_das_palavras
@oficiodaspalavras

Printed in Brazil/Impresso no Brasil

Dados Internacionais de Catalogação na Publicação (CIP)
(eDOC BRASIL, Belo Horizonte/MG)

Amorim, Dinah Ribeiro de.
A524v
A Vida é Uma Aventura / Dinah Ribeiro de Amorim. – São José dos Campos, SP: Ofício das Palavras, 2024.
161 p. : il. ; 14 x 21 cm

ISBN 978-65-5201-011-7
1. Ficção brasileira. 2. Literatura brasileira – Romance. I. Título.
CDD B869.3

SUMÁRIO

PREFÁCIO

AO AMIGO LEITOR,

Escrevi esta história de ficção baseada em fatos de nossa História, sobre a colonização do Brasil. De uma forma romântica, não muito suave, focalizo passagens tristes e alegres, do ponto de vista da aprendizagem. A formação do povo brasileiro, a mistura das várias raças que, mesmo sofridas, nos deixaram costumes, hábitos, crenças; enfim, influências, que repercutem até hoje e a elas agradecemos.

Qual de nós não encontrará, nas veias, um pouco do sangue indígena, africano ou branco europeu, numa bela miscigenação? Verdadeira união física, intelectual ou espiritual. Foi o que aconteceu em nossos primórdios da civilização.

Procurei salientar como viviam, usavam a própria medicina, defendiam-se das perseguições e malefícios, escapavam das terríveis escravizações.

O conto termina bem, amo finais felizes, mas compreendo e faço questão de deixar claro que a realidade da escravização, na história do Brasil, como a de muitos outros países, deixou uma mancha, que poderá ser esquecida, mas nunca apagada. Podemos conviver, superar os fatos, mas evitar a supremacia

e o jugo dos mais fortes sobre os mais fracos será a nossa responsabilidade.

Que esses dados, sobre a origem de uma das nossas Capitanias Hereditárias, a formação de aglomerados e futuras cidades, tragam curiosidade e um pouco do conhecimento de uma época distante..

Desejo, a cada leitor amigo e interessado, um despertar de curioso entretenimento e uma boa leitura!

Abraços,

Dinah Ribeiro de Amorim (uma brasileira)

INTRODUÇÃO

Estamos no Brasil dos anos 1900. Ali está González, paraguaio, de origem indígena, abastado fazendeiro da região de Mato Grosso, na próspera cidade de Cuiabá, capital do estado. Tem cinquenta e um anos.

É jovem, ainda, alguns fios brancos nos cabelos escuros e lisos, tem aparência de europeu na vestimenta e nos hábitos. Denuncia a origem indígena apenas pelo tom queimado e a vitalidade da pele. Acompanha-o sua filha, Ana Amanda, jovem de cabelos castanhos, de olhar como os do pai, mas olhos extremamente azuis, lembrando os da mãe, que faleceu durante o parto.

Estão em viagem para o Chaco Paraguaio, tão lembrado e comentado pelo pai, saudoso de sua origem e promessa antiga. Ana, curiosa, já estudou sobre o local. A região do Chaco é imensa, percorre também grande parte da Argentina, onde é mais visitada. Existe grande luta dos governos para torná-la atraente aos turistas, com parques, artesanatos, museus com obras indígenas, mas a região não mudou muito desde a sua formação. Só lembranças de guerras, restos de aldeias, estradas lamacentas de difícil acesso. O Chaco é mais visitado por turistas estrangeiros.

Para González, quando chega e depara com a bela natureza inóspita, é invadido de recordação e saudade. Lembra-se do pai, o trabalho com o *quebracho*, a mãe na lavoura, junto às outras índias, a aldeia em forma de círculo, as tribos amigas, os jesuítas sorridentes, solidários a eles.

Senta-se no banco do parque central com a filha e medita sobre as mudanças da vida.

Olha a filha jovem, com carinho, na primeira viagem de aventura, repara nos olhos azuis, a única recordação que sobrou de Amanda. Sente o coração bater forte, o olhar umedece e contém a lágrima que insiste. A mente, sem controle, lembra cenas do passado, como um filme. A infância e juventude, a participação na Grande Guerra, a fuga para o Brasil, uma aventura corajosa, o Quilombo do Piolho, Amanda, o dia que voltaram à fazenda, cheios de amor e apreensão...

Sim, sua vida foi uma grande aventura...

CAPÍTULO I
A GUERRA DO PARAGUAI

Foi o maior conflito armado internacional que ocorreu na América do Sul. Travada entre o Paraguai e a Tríplice Aliança: Argentina, Brasil e Uruguai, estendeu-se de dezembro de 1864 a março de 1870. Ficou conhecida como Guerra de la Triple Alianza na Argentina e Uruguai e Guerra Grande, no Paraguai.

Iniciou-se devido a rivalidades existentes entre Argentina, Brasil, Uruguai e Paraguai com relação às fronteiras entre eles, a liberdade de navegação dos rios platinos e às disputas pelo poder entre as facções locais: federalistas da Argentina e *blancos* e colorados do Uruguai, com rivalidades históricas de mais de três séculos.

Analisando os erros cometidos pelos homens de Estado que se envolveram nesse acontecimento, o de maior consequência foi o de Solano López, que teve seu país, o Paraguai, arrasado materialmente no final da guerra, sendo ele o agressor, inicia motivos de luta contra o Brasil e, em seguida, contra a Argentina.

O exército paraguaio, sob as ordens de Francisco Solano López, invadiu a província brasileira de Mato Grosso, provocando reação no Brasil, que nem estava preparado para uma guerra. Solano López vinha produzindo material bélico moderno, há tempos, preparando-se para um sonho expansionista e militarista, formar o Grande Paraguai: regiões argentinas de Corrientes e Entre Rios, o Uruguai, o Rio Grande do Sul, o Mato Grosso e o próprio Paraguai. Para isso, instalou o serviço militar obrigatório, organizou um exército de 80.000 homens, reaparelhou a Marinha e criou indústrias bélicas.

Entre várias ofensivas, contra-ataques, períodos de estagnação, retomadas de batalhas, comandantes brasileiros, argentinos e uruguaios com vitórias obtidas, houve muita mortandade e doenças adquiridas. Guerra do Paraguai chega ao seu final com a morte de Solano López, baleado nas barrancas do arroio Aquidabanigui, em Cerro Corá, negando-se a uma rendição.

Nessa batalha sangrenta, de duração de seis anos, todos os países sofreram grandes perdas não só devido à guerra, mas também à má alimentação, condições de higiene e doenças mortais como a cólera, por exemplo.

Como resultado da guerra perdida, o Paraguai foi quase totalmente destruído, perdeu territórios e houve ruína econômica. Décadas depois, não conseguiu se desenvolver como os países vizinhos. Quase 69% de sua população se perdeu na guerra, a maioria devido à fome, doenças e exaustão física.

Houve prejuízo à vida do povo que restou, dificuldade em reiniciar o trabalho. Muitos homens resolveram abandonar o país e tentar novas paragens.

*Batalha do Riachuelo: Em 11 de junho de 1865, no Rio Paraná, travou-se a Batalha do Riachuelo, com vitória do Brasil e pesada derrota do Paraguai. Essa batalha teve notável influência nos rumos da guerra. Destruiu o poderio naval paraguaio, até então triunfante. Todas as comunicações eram feitas pelos rios, quase não havia estradas. Quem os controlasse, ganharia a guerra. A Tríplice Aliança passou a controlar os rios da bacia platina até a entrada do Paraguai. A partir daí, o Paraguai recorreu à guerra defensiva.

CAPÍTULO II

O CHACO PARAGUAIO

A região do Chaco Paraguaio é uma região semiárida, de densidade populacional muito baixa, até os dias de hoje. O desmatamento foi rápido. Grande área, mas pouco povoada. Os que vivem na região são, em geral, nativos.

Foi cenário de inúmeras guerras na América do Sul, a última entre o Paraguai e a Bolívia, em 1932-1935. Muitos dos seus lugares são preservados pela importância histórica de suas batalhas. O solo salino, entre os rios Pilcomayo e Paraguai, atraem rica variedade de plantas e animais, que se renovam após cada destruição. Os nativos plantam muitas ervas medicinais. O *Quebracho*, é o produto usado na industrialização do couro, bastante cobiçado pelos países da América do Sul.

Os limites do Grande Chaco foram motivo de discussão entre Argentina, Brasil e Uruguai, após vencerem a Guerra contra o Paraguai, em 1870.Limita-se com o Brasil pela foz do Rio Apa, ao sul-leste, de onde partiu González, em 1871, um indígena da língua guaicurúes emake, do baixo Chaco, último descendente

de uma família de plantadores, destruída pela terrível ambição de Solano López.

Atraído por regiões inexploradas, terras ricas e ainda virgens, na tentativa de achar condições melhores de vida, González, nome de batismo cristão feito por jesuítas espanhóis, resolve embarcar para o Brasil, país considerado inimigo, chegando à província de Mato Grosso.

---

*Quebracho: tratamento vegetal feito no couro para não poluir a natureza, retira o metal cromo dos processos de curtimento e ainda aproveita a água no tratamento.

CAPÍTULO III

GONZÁLEZ

Nascido na região do Grande Chaco, com várias aldeias separadas por grandes fossos e paliçadas, mas ligadas entre si por estradas de até quarenta metros de largura. Diferentes tribos, cada uma com um tipo de língua e cultura, ensinaram a ele habilidades variadas.

O indiozinho esperto, logo aprendeu técnicas de defesa contra animais ferozes e exploradores estrangeiros indesejáveis, auxilia o pai nas pescarias e no cultivo do *Quebracho*, que o homem branco parecia tão interessado.

Astuto e ágil como uma águia, salientou-se entre os companheiros da tribo, funcionando como líder em várias atividades. Forte, corajoso, de tez queimada pelo sol, olhos alongados, escuros e brilhantes, cabelos lisos e compridos esvoaçantes, corria pelos matos e penhascos do Chaco Paraguaio como um lobo invisível, disfarçado, escondido entre galhos, à procura de presas.

Tinha família numerosa, seis irmãos homens, do mesmo pai e mãe. Era o mais velho.

A única interferência que sua tribo aceitou foi a de jesuítas espanhóis, vindos à América do Sul para catequizá-los, sem usá-los a seu serviço. Eles os tratavam com amizade e carinho, transmitiam conhecimentos, despertavam curiosidade sobre o mundo fora da aldeia, maior, diferente, desconhecido. Chamava-se Kionugo, mas foi batizado González, nome cristão, orientando-o na nova doutrina. E assim ele cresceu, selvagem, habilidoso, destemido, até seu país entrar em guerra por questões de fronteiras; e os indígenas, espalhados pelo Chaco, são chamados a participar quando o país começa a perder os velhos, as mulheres e os adolescentes, devido à falta de soldados para a defesa. Nessa batalha chamada pelos paraguaios de Guerra Grande, de 1865 a 1870, González perdeu a família e os amigos indígenas. A aldeia foi destruída, o Chaco desmatado e a missão religiosa destituída, e os jesuítas voltaram à Espanha.

Essa ausência de tudo e todos, despertou nele o espírito de aventura e o desejo de embarcar para o Brasil, país que o atraía pelo tamanho, riquezas e províncias em formação.

Embarca, em 1871, numa canoa pequena, nas corredeiras do Rio Apa, afluente do Rio Paraguai que faz limite com terras brasileiras, ao sul da antiga província do atual Estado de Mato Grosso do Sul. Inicia assim uma vida de aventuras!

CAPÍTULO IV

A TRAVESSIA

González, acompanhado de dois canoeiros, Josué e Anésio, habitantes da fronteira, sai pela manhã, rumo às terras do Brasil. Não sabe o que irá encontrar, como será a navegação, que terra acharão, que tipo de gente, amistosa ou não. A curiosidade, a aventura, o conhecimento do novo, farão esquecer lembranças. Leva consigo algumas peças de roupas, alguns instrumentos para caça e pesca, arco, flecha, o machado, de que não larga, um facão e a zarabatana, muito comum entre os indígenas.

A canoa desliza suavemente pelas águas do rio Apa, com algumas corredeiras e belas cachoeiras. Josué e Anésio, acostumados a navegar rios caudalosos, manobram com destreza, desviam da violência das águas. González recosta-se na proa, observa a paisagem. O sol bate em cheio no seu rosto e ele adormece.

Entardece e, após algumas horas, acorda com balanços mais fortes, tenta se segurar nas laterais. Percebe que Anésio e Josué

forçam os remos para se afastarem de corredeiras violentas, próximas da perigosa Cachoeirinha, conhecida dos dois. É a região onde acontece a piracema, quando os peixes se avolumam e o excesso de cardumes impedem a navegação. González tenta ajudá-los a equilibrar a embarcação. Seus braços fortes, acostumados ao trabalho, auxiliam, mas um movimento mais brusco empurra-os e a canoa vira. Tombados, tentam se apoiar nela, que não afunda, jogando-os para uma grande baía, a baía Negra, de águas calmas e escuras. Por um capricho do destino, encontram um cardume de botos, auxiliares dos navegantes, que os conduzem a uma pequena ilha, separada alguns metros do continente.

Cansados e assustados, tentam salvar a canoa, puxando-a para a praia. González percebe que os instrumentos se perderam. As armas eram sua segurança. A noite desce rápida e se aconchegam na areia da pequena ilha. Arrumam folhagens dentro do mato, para passarem a noite. Ao amanhecer, percorreriam os arredores e achariam algo para comer.

CAPÍTULO V

O AMANHECER

Amanhece na praia. Os primeiros raios de Sol despontam e brilham as águas da baía, clareiam tudo e despertam González.

Ele senta-se na areia, esfrega os olhos e observa, curioso, ao redor. Anésio e Josué ainda dormem. Espanta-se ao perceber que suas armas estão ao lado, em ordem. Acorda-os, rápido, percebe que não estão sozinhos. Os companheiros, surpresos, levantam-se. Caminham os três pela praia, mas param, interrompidos e cercados por vários índios, estranhos. Todos muito pequenos.

Numa língua desconhecida, batem flechas no chão e fazem gestos com pés e mãos. González lembra-se de alguns comentários de sua mãe, na infância, havia algumas tribos com indígenas muito pequenos, mas tremendamente fortes e ágeis, que corriam por matas virgens, onde o homem branco não pisou.

Consegue perceber que os interrogam, querem saber de onde vêm. Com gestos também, tenta falar na linguagem de sua

tribo, chegar ao grande continente, o Brasil, vindos do outro lado da fronteira, o Paraguai. Naufragaram e vieram até a ilha, conduzidos por peixes grandes, amistosos.

Um deles, parecia ser o chefe, escuta com atenção e entende a fala de González, parece compreender e sorri quando se refere aos botos, os peixes amigos. Fazem curvaturas e os rodeiam alegres, demonstram boas-vindas.

Josué e Anésio percebem que são de paz e respiram aliviados. Dão a entender a González que sentem fome. Teriam comida? Poderia fazê-los entender isso?

O chefe pigmeu, conhece a linguagem de González, já viajou por muitas matas e percorreu várias tribos, cada uma com um tipo de língua. Convida-os a entrarem no interior da ilha, conhecerem sua aldeia.

Caminham pela mata fechada e acham uma estrada de terra batida, larga, que os leva até uma abertura circular. É a aldeia dos pigmeus, com choças de palha bem-feitas, em forma de círculo, baixas, ao centro uma grande tora de madeira, achatada, como mesa, rodeada por pequenos troncos de eucaliptos, que servem de bancos.

González sabe que os indígenas são muito sensíveis e, ao perceber um sorriso de Anésio e Josué, que afirmam parecer brinquedos de criança, faz um sinal com a cabeça, manda-os ficarem quietos. Causariam uma ofensa e seria perigoso.

São recebidos pelo resto da tribo com curiosidade e alegria. González muito alto, Josué muito gordo e Anésio magro, de

grande estatura também. As mulheres dão risadas e as crianças os rodeiam e seguram suas pernas.

A uma ordem do chefe, afastam-se e correm as índias a buscar comida. Trazem grãos de milho, mandioca, um tipo de pão que não souberam como era feito e algumas frutas do mato. Descendem dos Matsés, existentes também no Brasil que, além da pesca, caçam animais de pequeno porte. Trazem carne de macaco preto.

González, acostumado com as comidas de sua gente, não estranha, mas os amigos, não se alimentam da carne, receosos de alguma doença. Usam mais peixe com farinha, comida de beira-rio.

Alimentam-se fartamente, a fome era grande, e tentam o equilíbrio nos minibancos, com apoio de uma só perna. A quantia de alimentos que consomem, causa espanto aos indígenas, que colocam mais nas cuias. Em seguida, bebem um líquido amargo, extraído de plantas, prática habitual da tribo, para ficarem com energia e força. Ao final, descansam deitados sob esteiras, inalando rapé.

Quando se levantam, a um sinal do chefe para acompanhá-lo, embrenham-se na floresta, afastando os galhos da mata fechada. Escutam barulhos de animais, relinchos e galopes, e chegam numa grande planície, coberta de grama e arbustos verdejantes. Observam o chefe orgulhoso, ao mostrar ao longe, sua criação de cavalos. São pequenos, treinados para montaria. Um belo grupo, de elegante porte, bem cuidado, de pelos lisos e brilhantes. Crinas e caudas longas, parecendo penteadas,

balançam ao vento, quando galopam. Brancos, negros, marrons, malhados, dão colorido à paisagem.

Os três forasteiros admiram-se. Nunca viram cavalos tão bonitos. Conheciam somente os usados pelos soldados, em campanhas, e os de algumas tribos, para caçadas. González, só aprendeu a montar no exército, durante a guerra. Sua aldeia caçava e pescava em lugares próximos, usando corridas e saltos. Anésio e Josué nunca montaram, preocupados com a pesca, e olham surpresos a liberdade deles, fora de cercas e cocheiras. Bem domesticados.

O chefe pigmeu, Nomabi, pergunta se querem cavalgar numa caçada. Usam os cavalos para caçar animais maiores e distantes. Os três aceitam e, Josué, o mais entusiasmado, acha tudo uma brincadeira. Nunca saiu da fronteira e, para ele, inicia-se grande aventura.

Nomabi, com um apito, atraí três cavalos que o obedecem. González, mais prático, monta logo, espera os companheiros, com dificuldade. Mais pesados, sentem que os cavalos não os aceitam. Galopam além da campina, embrenham-se em matas virgens, à procura de capivaras. Se tiverem sorte, teriam carne à noite. Quando acham uma, ela sente o perigo e foge. Eles saem em disparada. Nomabi prepara a lança e González prefere a zarabatana. Os quatro sentem o prazer do mais forte. As fisionomias se modificam. O bicho, acuado, sem ter mais onde correr, para e espera. É quando o cavalo de Josué, que tem excesso de peso, tropeça e ele cai, com estrondo. Interrompem a caçada para socorrê-lo, ele grita de dor e a capivara, assustada, foge.

Voltam cabisbaixos para a aldeia, com Josué na garupa, sem poder mover a perna. Nomabi chama rápido uma mulher, pequena e idosa, que parece ser a curandeira da tribo. Com gestos habilidosos, tenta mover a perna de Josué que geme. Percebe que não quebrou, mas teve forte torção. À sua maneira, acostumada com luxações, aplica umas ervas medicinais para dor e inchaço e faz uma tala com bambu e amarras de cipó. Josué fica em repouso por vários dias. Encanta-se com a delicadeza das mulheres pigmeias, tão pequenas e jeitosas, gosta do atendimento das que chamou, "minhas bonequinhas".

Ao perceberem isso, González e Anésio desejam que se recupere logo, têm vontade de retomar a viagem. Não pretendiam ficar tantos dias ali. González quer entrar no Brasil e Anésio voltar à fronteira, onde mora.

Passam os dias vivendo com os pigmeus e aproveitam para conhecê-los, enquanto aguardam a recuperação de Josué. Este demonstra sossego e carinho pelo povo que o trata tão bem. Não sente pressa.

González participa de outras caçadas e fica sabendo que eles comem também aves do mato como mutum e nambu. Na estação das secas, recolhem os ovos de tracajá, das praias do rio. Para cada tipo de animal preparam armadilhas e técnicas especiais, como o tatu, por exemplo, que é afogado em suas tocas, no chão.

Não existe entre eles a impossibilidade de mulheres participarem das caçadas, como em algumas tribos, que temem a panema, ou falta de sorte. Para a caça de certos animais como a anta, devem abster-se de relações sexuais, que podem

enfraquecê-los. É comum, entre eles, os índios idosos prepararem as armadilhas.

Acompanham as mulheres na plantação do milho, mandioca, bananas, tabaco, com o qual fazem rapé, consumido diariamente. Utilizam também substâncias que fazem afastar o desânimo, a preguiça ou o panema, as mucas, que deixam o corpo mais forte, duro e limpo. Amargas, são vegetais que creem ter poder. As crianças são banhadas com determinadas folhas, conforme o tipo de animal que caçam. Os de grande porte ou répteis venenosos, podem atrair maus espíritos aos filhos, que ficam doentes.

Fazem caçadas ou pescarias em expedições, formam acampamentos nas praias que podem demorar vários dias. Chamam a eles de capuec, caminhar, e apreciam muito a coletividade.

González e Anésio se interessaram muito pelos conhecimentos que aprenderam com esses índios, de hábitos tão diferentes.

Os dias passam e a perna de Josué fica boa. Já consegue dar pequenas caminhadas e eles manifestam o desejo de retornar. Entristecidos, os pigmeus recuperam os estragos da velha canoa e se comprometem a levar González até o continente, que está mais próximo, do lado oposto.

Num belo amanhecer, reúnem-se todos na praia, com roupagens festivas, para a despedida dos náufragos que ficaram amigos. Novamente, gestos de mãos e batidas de pés, sem lanças ou armas de ataque, mas danças e cantos de alegria e paz.

Anésio e Josué remam pelo rio Apa em direção ao Paraguai e, González, guiado pelo chefe Nomabi, vai em direção ao continente brasileiro, em busca de novas aventuras.

---

*Boto: peixe conhecido pelos pescadores como guias ou auxiliares nos perigos dos rios e mares.
*Mutum, nambu: nomes dados a várias espécies de aves selvagens.
*Tracajá: espécie de tartaruga que deposita ovos nas praias dos rios.

CAPÍTULO VI
A NOVA TERRA

González navega com o chefe Monabi, e a correnteza os leva em direção ao continente brasileiro, fronteira com Bolívia. É largado na praia que o separa de uma mata virgem, inóspita. Despede-se efusivamente do amigo pigmeu, que, com gestos, deseja-lhe futuras conquistas e vitórias.

Anda pela praia e examina a região desconhecida que terá que invadir. Acostumado aos matos e florestas paraguaias, nascido no Chaco, nada lhe é difícil, embora o que vê lhe pareçam montanhas escalvadas, algumas ilhas de arbustos agrestes, matas virgens e amedrontadoras, de difícil penetração, árvores muito corpulentas. Com o auxílio do facão, consegue caminhar algumas léguas, e descansa à beira de um riacho que corta o emaranhado da vegetação dessa floresta exuberante. Sem saber, está dentro da Província de Mato Grosso, assim chamada desde o início de sua história, por mineradores que também se espantaram com a vegetação.

Cansado, cortando galhos que lhe fustigam as faces vermelhas, aproveita um solo coberto de folhas, deita-se e adormece, com o sol que descamba no poente, e joga um tom escuro sob as frestas que surgem entre os vãos das árvores folhosas.

O barulho da selva, os ruídos de animais, o piar de pássaros em bandos com a proximidade da noite, o vento que ruge ao bater no verde, faz González lembrar de suas terras, de sua origem, da sua gente que ficou soterrada e esquecida. Não sabe o que é angústia nem solidão, mas uma pontada no peito faz umedecer os olhos e fechá-los. Adormece de cansaço.

Acorda ao amanhecer, com o roçar de um animal que rasteja por suas pernas e, assustado, abre rápido os olhos. Não se mexe, ao verificar que é uma cobra, que desliza sobre ele. Deixa-a passar e pensa em matá-la para comer, é uma espécie não venenosa. Prepara seu machado e visa a cabeça, mas lembra-se do aprendizado com os pigmeus, certos animais são perigosos para comer, atraem doenças ou maus espíritos e tomam banhos com ervas especiais, difíceis de encontrar. Desiste da ideia.

Observa os arredores, sobe numa árvore, o pequeno riacho é braço de um rio maior, provável lugar de peixes. Aproxima-se e percebe que tem tanto peixe que pode até segurá-los com a mão. Mesmo assim, prepara a zarabatana e acerta alguns.

Recolhe-os, amarra-os com cipó e carrega-os até uma clareira. Limpa com as mãos a terra, faz pequena cavidade, observa a direção do vento, longe das árvores. Rodeia com pedras e sai à procura de troncos fáceis de queimar. Empilha-os como uma estrela, acha pedras que produzem faíscas, as pederneiras,

junta folhas e galhos secos, e faz fogo. Assa os peixes. A vida de índio lhe dá segurança necessária.

Descansa um pouco e continua a caminhar para o interior da nova terra. Antes, apaga a fogueira. O sol forte, reacende brasas que ainda queimam. O sol, na região, é agressivo e sucedem também temporais violentos, com terrenos alagados e pântanos, resultado das cheias do Rio Paraguai.

Gonzáles sente-se solitário, busca povoados, pessoas desconhecidas, não percebe que olhos estranhos o observam. A floresta não é vazia de gente.

Percorre regiões montanhosas, cobertas de árvores tão copadas, mal consegue ver a luz do dia ou a cor do céu. Confuso, perde a direção várias vezes. Desconhece o caminho a tomar e onde chegar. Percebe que o tempo mudou. Pela escuridão e trovões, barulho da bicharada que corre em bandos, sente a vinda de uma tempestade. O vento bate forte nas folhas e ele procura abrigo nos galhos de uma árvore. Acocora-se na parte alta e espera a tormenta passar.

Só quem mora na selva sabe a força de uma chuva e a calmaria que traz quando termina. As matas ficam mais verdes, os rios mais cheios, as aves voam alto e fazem ruídos alegres.

González salta ao solo. A terra molhada penetra solta e macia nos seus pés, afunda-os aos poucos. Quanto mais se movimenta, mais os enterra e, percebe que caiu num pântano. Sozinho, sem corda, descobre que toda a região é pantanosa. Agoniado, não sabe como sair. A quem recorrer? O desânimo toma conta dele e talvez a morte em terra estranha o atinja.

Prepara-se para o fim quando alguém, escondido entre as árvores, atira-lhe uma corda. Apoia-se rapidamente nela, amarra-a na cintura. Sente-se puxado com a força de vários braços e é arrastado até a terra sólida. Cai com o esforço.

Sujo de barro, dolorido, mal consegue levantar. Ergue a cabeça e percebe um grupo de índios, como ele, que o examina com curiosidade. Falam entre si, fazem comentários, numa nova linguagem. Pertencem a tribo estranha. Dois deles, mais ágeis, o levantam, segurando-o por baixo dos braços. Conseguem levá-lo até a beira do rio, onde se lava e desperta do susto que teve.

Com gestos, convidam para que os acompanhe e chegam a um pequeno povoado, escondido na mata. Espantado, González verifica que possui grande variedade de habitantes, agrupados. Índios, negros, foragidos de suas origens, alguns homens brancos, estrangeiros, e até paraguaios, remanescentes das guerras, que buscam nova vida. É recebido com amabilidade e convidado a comer com eles, quando verificam que está só. Consideram-no também um fugitivo.

Entre a nova gente, González faz amizade com Juan, um paraguaio que o entende e explica quem são.

Descendem de um quilombo, destruído anos atrás, 1791, por bandeirantes portugueses, à procura de índios e negros foragidos para o trabalho na mineração. A região foi muita rica e o antigo Quilombo do Piolho, como era chamado, entre a cidade de Cuiabá e a fronteira com Bolívia, foi um esconderijo que acabou, mas deixou remanescentes, e logo cresceu novamente.

Entre algumas criações de bois e cabritos e cultivo de algumas plantas, como a erva-mate e, principalmente a soja, viviam os habitantes escondidos do governo federal, embora o interesse em escravos e índios da região tivesse diminuído com a escassez das riquezas minerais. Havia, no momento, um incentivo do administrador da província em colonizar a região, aceitando também imigrantes europeus.

González percebe a variedade de raças e fica curioso sobre os costumes e linguajar de cada uma. Pergunta a Juan como conseguem trabalhar e conviver em paz. Juan sorri, necessitam sobreviver naquela mata tão despovoada, dependendo todos do que cada um sabe. Entre os índios, os grupos linguísticos mais conhecidos, além dos parecis, eram os tupis, macro-jês, aruaques e caribes. Formavam uma rede de aldeias. Os brancos, descendiam de portugueses e espanhóis, resultantes das incursões pelo interior da província, atraídos pelos rumores das grandes riquezas existentes. Os negros, eram foragidos das senzalas, das fazendas que os escravizavam para o trabalho nas plantações e outros serviços, a mando dos senhores. Já havia movimentos políticos em prol da libertação dos escravos africanos, mas muitos ainda sofriam com perseguições.

A cidade mais importante e atual capital, era Cuiabá, antigo arraial, elevado, em 1726, à categoria de Vila Real do Senhor Bom Jesus de Cuiabá, para melhor fiscalizar a exploração do ouro e da renda, que se esgotou com o tempo. E Juan, empolgado pelo interesse do novo amigo, continuou falando: "Mas, a primeira capital da província foi em uma belíssima região, de paisagem espetacular, *Vila Bela da Santíssima Trindade, entre o Rio Guaporé e a Serra Ricardo Franco, onde estão as mais

antigas edificações da região. Lá iniciou a primeira catedral, em 1793, uma obra de arte."

González, convertido ao cristianismo por jesuítas espanhóis, ficou interessado em conhecê-la.

---

*Vila Bela da Santíssima Trindade: abriga um dos maiores acervos da cultura mato-grossense. Tombada pelo IPHAN e pelo Governo Estadual é patrimônio histórico e pesquisa arqueológica. Possui as ruínas da antiga catedral e objetos que retratam a vida do século XVIII.

CAPÍTULO VII

QUILOMBO DO PIOLHO

Após a curiosidade inicial, González procura se adaptar às atividades dos novos amigos. Estão organizados em grupos, cada um tem a tarefa a qual mais se adapta. Assim, os índios se encarregam da caça e pesca, os negros da agricultura e os brancos das criações, bois, cabritos, aves e, treino de poucos cavalos para montaria.

Garantem assim a boa alimentação de todos. Plantam mandioca, milho, batatas, feijão, cana, fazem chás, principalmente o mate, comem ovos e bebem leite. Os brancos europeus, trouxeram o queijo, a manteiga e o pão. Vivem em comunidade respeitosa e pacífica cuidando-se mutuamente e alertas ao perigo de invasores.

Às mulheres, cabia a tarefa de limpeza e manutenção dos abrigos, o cuidado com os filhos, o preparo da comida e o auxílio na agricultura. Dedicam-se também a trabalhos artesanais com palha, madeiras esculpidas, argila, cipós trançados e mantas de peles de animais. Surgem belas peças para uso em festividades

e trocas, em feiras dos povoados maiores. Misturam-se habilidosamente no meio delas.

González perdeu a timidez inicial e, na companhia de Juan, experimentou cada trabalho. Conhecia pouco de tudo que faziam. Desde menino, auxiliou o pai na plantação do *Quebracho*, que lhes rendia e desinteressou-se de outras atividades.

Os indígenas eram de tribos diferentes, poucos falavam a mesma língua e ele teve dificuldade de comunicação com os de mesma raça. Entendia-se melhor com os negros e brancos que falavam português ou o espanhol de sua terra. Percebeu que faziam muitas estacas com as madeiras da floresta, sustentavam assim as casas ou abrigos, usando a palha ou o barro como paredes. Protegiam-se também de invasões rodeando as habitações com pesadas toras fincadas no chão. Eram fortificados.

Todos usam a força, e as mulheres auxiliam, quando necessário. Só os mais velhos, e os que entendem de curas e remédios de ervas, são poupados. Os muito idosos, são deixados de lado.

O povoado aumenta. Gente nova chega. Fogem da escravização do homem branco colonizador que ainda procura gente para o trabalho na mineração esgotada. Existe o sonho, a ilusão das riquezas minerais da terra. González, homem observador, percebeu que a terra era rica, sim, em frutos, vegetação, ervas, plantação e colheita e, principalmente, madeira. Um tipo especial de madeira, macia, maleável, fácil para cortar e modelar, mas resistente. Logo interessou-se por ela, ofereceu-se para os cortes e confecção das habitações.

Embrenha-se nas matas, aprendeu a conhecê-las, ajuda-os como lenhador. Torna-se perito, como em tudo que gosta e

pratica, sente somente, de vez em quando, um sentimento estranho ao cortar um belo tronco e deixar o terreno descoberto, parece um pássaro sem asas. Juan, quando o vê assim, trata logo de distrai-lo com alguma comida típica, bebida, dança, nas senzalas.

A vida nesse antigo quilombo era divertida, alegre, sem complicação. Trabalhavam, comiam, descansavam, festejavam, obedeciam às crenças, os líderes, geralmente os mais corajosos e valorosos do grupo. Não brigavam, mas cada grupo tinha a sua lei e procuravam respeitá-la. Era uma questão de sobrevivência, em comunidade.

González e Juan, ao sentirem cheiro gostoso de comida, encaminham-se para as senzalas, responsabilidade das mulheres africanas. Cada grupo feminino oferece um tipo de alimento, um sabor peculiar. Isso permite a eles uma alimentação saborosa e variada.

Na senzala, cantam e dançam ritmos alegres, o prato predileto dos dois era o Bobotie, um dos mais famosos da cultura africana, com carne cozida, pão, leite, cebolas, castanhas e ervas. Com arroz amarelo de açafrão, canela, manteiga e um pouco de açúcar. Quem os servia era uma simpática africana, Kalu, de olhos pretos e amendoados, sorriso farto, dentes à mostra.

González encantava-se com ela, bem-feita de corpo, cabelos encaracolados e trançados, presos a uma fita vermelha, cheia de lacinhos. Em ocasiões festivas, o mocambo, gostava de dançar com ela, o Terno da Zabumba.

Surgiam instrumentos variados, sendo os mais comuns as caixas, os pandeiros e os guaiás, uma espécie de chocalho.

Gonzáles conhecia as danças típicas dos índios, músicas tristes, ligadas à espiritualidade ou à guerra que o remetiam à infância. Esses ritmos alegres, com maior movimento eram novidade. Sentia-se livre, atraído por Kalu e por sua pele. Não conviveu com a raça negra, no Paraguai. Kalu gostou dele, alto e forte, cabelos escuros como os dela, mas longos e lisos. Um tipo diferente em gestos, roupas, de fala gentil e compreensível. Lembranças que González trazia dos jesuítas espanhóis que o catequizaram.

Quando surge a época da congada, um bailado que simula o jogo do bem e do mal, introduzido entre os negros pelos jesuítas, Kalu convida González para ser seu par, tomando parte no grupo do bem. A dança é uma luta irreal, sendo os cristãos, do bem, e os mouros, do mal. Os negros, do bem, vestem-se de azul e os do mal, de vermelho. Com lutas, cantos e danças, os cristãos sempre vencem, e os mouros são batizados. Acabam a festa com louvores a São Benedito, padroeiro dos negros, no Brasil. Acompanham os cantadores, nessa dança épica da catequese, as violas, o canzá (reco-reco), as caixas e os tambores.

González sente-se feliz e curioso sobre a vida nas terras brasileiras.

---

*A Congada: Bailado popular introduzido no Brasil colônia. Foi uma adaptação da *Canção de Rolando*, epopeia francesa, que chegou até nós pelos jesuítas, na obra da catequese. Tinha a função de conversão e sublimação do instinto guerreiro.

CAPÍTULO VIII

AS CULTURAS TRIBAIS

Em companhia de Kalu, González quebra o temperamento sóbrio, influência de sua formação. Sorri, quando Juan brinca com ele e diz: "Acho que logo vai aparecer um cafuzinho!"

— Como assim? retruca González, espantado.

Juan explica que cafuzo é a mistura do negro com a indígena. A raça branca, quando se une à negra produz os mulatos e, índios com brancos, são os mamelucos. Existem em grande número nas novas terras.

González, de educação sexual natural, nunca pensou no relacionamento entre as raças. Os indígenas encaram o sexo sem malícia, de forma simples, como a alimentação e os trabalhos com a caça e a pesca. Possuem várias mulheres e é comum um nativo com muitos filhos. Com a chegada dos brancos europeus, que se encantam com as mulheres seminuas, estabelece-se a malícia e maior incentivo à mistura das raças.

A roupagem dos nativos é simples, para comemorações festivas e atividades de guerra. Normalmente andam nus, somente com pequenas tangas à frente, como proteção contra animais, os insetos.

González, com a influência da catequese, traja-se e se comporta como exigiam os jesuítas, mas aceita a simplicidade nativa.

Convidado a frequentar as aldeias do lugar, chama Juan para acompanhá-lo. Admiram as edificações indígenas, as crenças, as festas e as belas mulheres. Juan, curioso, aceitou de pronto.

Dirigem-se à tenda maior, lugar de refeição dos grupos, onde misturam produtos vegetais com carne.

Sentem um cheiro apetitoso, perfume de peixe com alguma erva que desconhecem. Uma nativa corada, de rosto simpático e largo, balança colares de penas vermelhas e coloca à frente deles duas cuias de um alimento à base de peixe com banana da terra: origem da nossa Moqueca de Peixe? Gonzáles pergunta como é feito, sente um gosto diferente que o delicia. A indígena, que diz chamar-se Laua, explica que além do tomate, cebola, limão, rodelas de banana, juntam folhas de coentro e salsinha, após o cozimento.

— Ah! Exclama González, eis aí o segredo! Cada tribo com seus costumes.

Juan aprecia a comida e resolve fazer novos hábitos alimentares: indígenas e africanos.

CAPÍTULO IX

VILA BELA DA SANTÍSSIMA TRINDADE

Atualmente, Vila Bela da Santíssima Trindade é município brasileiro no estado de Mato Grosso, Região Centro-Oeste do país. No alto Guaporé, população de quase 20.000 habitantes.

Como em capítulos anteriores, a pequena Vila Bela da Santíssima Trindade foi a primeira capital de Mato Grosso, o marco de uma história que começa em 1752. A descoberta de riquezas minerais na região do Rio Guaporé, fez Portugal se interessar em colonizá-la, temendo a invasão dos espanhóis. Criou-se, então, a Capitania de Mato Grosso, com capital em Vila Bela da Santíssima Trindade, em 19 de março de 1752.

Como capital, teve investimentos em infraestrutura e incentivos fiscais que atraíam novos moradores. Mas, devido a dificuldades em povoar a região, distância, doenças, falta de rotas comerciais, esse progresso diminui, principalmente após o surgimento do centro comercial de Cuiabá, que se tornou importante, e faz a capital ser transferida, em 1835.

Os moradores abandonam a vila e deixam casas, estabelecimentos comerciais e escravos, para trás, transformando-a em potencial turístico, com recordações das primeiras obras construídas como a bela catedral colonial, a primeira da Capitania de Mato Grosso.

Em 1873, durante a estadia de González no antigo Quilombo do Piolho, a pequena e bela vila era a atração dos recém-chegados, pela paisagem natural e atrações que restaram. Juan e González manifestam o desejo de conhecê-la, e convidam as amigas prediletas, a nativa Laua e a negra Kalu, que se entusiasmam em ir.

Combinam a saída no dia de folga das jovens na cozinha, quando seriam substituídas. Os dois amigos resolvem ir a cavalo, levando-as na garupa. Até a Vila Bela da Santíssima Trindade será uma longa cavalgada!

Assim que amanhece, dirigem-se à senzala e à aldeia, para pegarem as moças. Laua monta rápido junto a Juan, mas Kalu, não está na entrada, como combinaram. González aguarda instantes que parecem horas e, com o sol já alto, é atendido por uma idosa, que avisa que a moça não vai. Passou mal à noite e desiste do passeio. González, entristecido, faz sinal ao companheiro para seguirem viagem.

Iniciam uma cavalgada pitoresca e deslumbrante, cheia de mata virgem, poucas trilhas humanas. O sol forte bate em cheio no verde das folhas, que se transformam em pequenos faróis e indicam o caminho. Extasiados e distraídos com a beleza em cada trecho, sentem que o passeio é mesmo o que falam, grande atração turística.

Ardósias e bromélias, de magníficas cores, ladeiam e enfeitam os caminhos e trazem lembranças a González do Chaco, com vegetação em contínua fluorescência.

Após longa cavalgada, notam que a vegetação muda, as flores silvestres dão lugar a outros tipos de flores, próprias das regiões aquáticas, sinal que se aproximam do alto Guaporé e da pequena ilha, Vila Bela da Santíssima Trindade. Aguapés rosados, alfaces d'água, pequenas ninfeias dão novo colorido à deslumbrante paisagem e animam os recém-chegados. Apeiam-se dos cavalos e entram numa barcaça. Logo chegarão na famosa Vila.

CAPÍTULO X
SURPRESAS

González, Laua e Juan descem da barca em uma prainha limpa, de areia fina, e se encaminham para a estreita rua de pedras que leva ao centro da cidade.

Encantam-se com tudo o que veem. As belas construções, o desenho dos jardins floridos, postes de luz erguidos a cada esquina, lampiões em formatos delicados. A vila é colorida, em cada residência uma tonalidade. Preparada para visitantes. Pequenas quitandas ou empórios, oferecem quitutes, frutos maduros, comidas regionais. Laua prova de tudo, curiosa em aprender novos sabores.

Após as caminhadas às ruas centrais, descansam num quiosque onde alguns músicos oferecem sons regionais. González e Juan sentem-se saudosos quando ouvem entre eles, algumas guaranhas do Paraguai, aprendidas também na infância. Misturam toques, batuques, instrumentos, lembram todas as raças presentes. Variam desde as músicas das senzalas até as valsinhas dos salões europeus. É uma tentativa de agradar a

cada visitante. Vila Bela da Santíssima Trindade deixou de ser a capital administrativa, mas se torna a capital do turismo da região.

González, mais descansado, lembra a Juan que não visitaram a famosa catedral, recém-construída. Encaminham-se ao marco central da Vila. Deslumbram-se com a riqueza de cada detalhe. Cristais importados, molduras douradas enfeitam pinturas de renomados artistas da época, madeiras trabalhadas com delicados ornamentos envolvem o púlpito, retábulos e bancos. Demonstra a riqueza do Brasil colonial, de predomínio católico.

Sentam-se calmos, em silêncio, influenciados pela paz do ambiente. González lembra dos jesuítas que o batizaram e faz pequena oração. Ao redor, percebe outras pessoas orando com ele. À sua esquerda, bela moça, vestida como europeia, saia longa e corpete justo, esconde parte do rosto com uma mantilha rendada. Curioso, observa sua tez clara, tão clara como nunca viu, cabelos de um louro dourado, soltos quase até a cintura, lembram ao índio imagens de Nossa Senhora ou campos de trigo banhados pelo sol. Perde o olhar ao contemplá-la, e só o desvia quando a jovem, aflita, abaixa o pequeno véu e esconde o rosto. Dá-se conta, o nativo, que sua admiração a incomoda. Desperta, de repente, o coração de González para uma nova emoção, outro tipo de sentimento, dentro daquele homem selvagem e endurecido pelas agruras sofridas. Sente atração e desejo pela raça branca, que sempre (se) considerou superior aos índios. Tem vontade de algo impossível, pela primeira vez na vida.

Acompanha-a uma senhora de olhar austero, a mãe, provavelmente, que percebe logo a atração de González e retiram-se

rápido do local. González, distraído, não percebe que Juan também o chama e, olhando a moça, vê que, ao sair, deixa cair um lenço rosa com cheiro de flor.

Não dá tempo de avisá-la e, inebriado pelo perfume, guarda-o na camisa e a segue.

Juan e Laua, admirados com esse súbito interesse de González, permanecem quietos quando o índio se encaminha para a carroça em que a moça loura está subindo. Acham perigosa essa intromissão com brancos estranhos, de aparência superior à deles. Mas González, sem pensar, aproxima-se e estende à moça o lenço. Ela, espantada, agradece com um sorriso, enquanto a mãe recua, amedrontada.

— Deixe ficar Amanda, melhor não deixar essa gente desconhecida se aproximar.

— Calma, mãe, não percebe seu olhar amistoso? Deve ser civilizado, querendo fazer uma gentileza, responde amável. Existem muitos nativos catequizados pelos jesuítas, em nosso país.

O cocheiro sai em direção ao campo e González, atende aos chamados dos amigos.

---

*Retábulo: construção de madeira ou de pedra, com lavores, que se coloca na parte posterior do altar e que encerra um quadro religioso; painel ou quadro colocado em altar.

CAPÍTULO XI
AMANDA

Amanda Paes de Barros mora com a família em terras da pequena vila, descende dos primeiros donatários da Província de Mato Grosso. Vieram explorar as riquezas minerais que se extinguiram, com o tempo. Os bisavós dedicaram-se, então, à plantação da erva-mate, para a produção do tereré, e não abandonaram o lugar.

Acostumou-se em criança a lidar com os moradores locais, seus costumes, suas crenças, conhecendo pelo olhar o mais selvagem e hostil e o amigável, civilizado e curioso.

De coração dócil, brincava com as crianças das senzalas, afeiçoando-se facilmente às Bas negras, tratando-as com afeto, ao contrário da mãe, mulher áspera e revoltada, saudosa do Rio de Janeiro, cidade onde nasceu.

Os momentos da criança foram iguais aos de todas que crescem em fazendas, matos, bichos e, principalmente com os ataques constantes dos nativos da região. Os fazendeiros viviam fortificados, armados e prevenidos.

Presenciou também cenas tristes causadas pela escravidão, quando suas amizades prediletas sofriam castigos, às vezes cruéis, devido a desobediências ou ignorâncias. Revoltava-se com a excessiva autoridade dos pais.

Certa ocasião, atacados, de surpresa, por uma tribo estranha, os caiapós, fortes inimigos dos brancos, Amanda foi o alvo. Assustada, escondeu-se entre as mulheres da senzala, uma delas recebeu a flechada destinada a ela. A negra falece ao lado da menina que, impressionada, fecha-se em seu quarto, não quer mais sair. Os pais, preocupados com a situação, resolvem mandá-la para a capital, Rio de Janeiro, interna em colégio organizado pela Irmandade da Misericórdia, conhecida instituição entre as várias fundadas na capital.

Amanda cresce vencendo dificuldades iniciais, entre jovens arrogantes e preconceituosas. Adapta-se ao ensino religioso e torna-se fervorosa, mas discorda de ideias contra determinadas raças e crenças. A educação e o aprendizado natural do berço, as lembranças que restaram dos amigos da senzala e de alguns nativos pacificados, ainda predominam.

Afeiçoa-se a uma mestra, Madre Mecthildes, de origem austríaca, que veio ao Brasil como Professora de História, mulher culta e inteligente, moderna, com quem aprende e discute os problemas das civilizações. Amanda adere às ideias abolicionistas, ao correto tratamento aos indígenas, ao respeito às origens de cada um, num Brasil rico, de grande área, despreparado, ainda de domínio e cobiça dos europeus.

Aos dezoito anos, a mando dos pais, retorna à fazenda em Vila Bela da Santíssima Trindade, com novas perspectivas de vida e interessada nas atrações turísticas e culturais locais.

---

*Tereré: refresco de mate que se forma com bombilha, preparado com água fria. Muito apreciado no estado de Mato Grosso.
*Bombilha: pequeno bombo; tambor.

CAPÍTULO XII

ATRAÇÃO OU AMOR?

González volta diferente do seu passeio à Vila da Santíssima Trindade. Retoma as atividades costumeiras nas matas, às conversas com o amigo Juan, às divertidas saídas de namorico com a atraente negra Kalu, mas sem o antigo entusiasmo. Aparentemente, é o mesmo, mas o pensamento voa, lembra a linda moça que viu orar na Catedral. Sente vontade de vê-la novamente.

Fica a imaginar meios de voltar à vila e estuda possibilidades de encontrá-la, descarta qualquer empecilho que terá ao se aproximar de alguém tão distante dele, em raça e posição social. Comenta com Juan o desejo de voltar à vila. Quer verificar certos entalhes de madeira, que admirou e que gostaria de aprender.

Juan, espantado, afirma que acabou de ouvir um conhecido carpinteiro, entre eles, ansioso por um ajudante que o auxilie nas confecções dos objetos que faz. "Pero, hombre, divulga la suya idea."

Gonzáles, satisfeito, vai ao encontro de Hubert, o carpinteiro, para escutar o que pretende.

O holandês, acostumado a lidar com entalhes, quer melhorar as habitações existentes, fazendo bancos, cadeiras, mesas, transformar os costumes. Camas, nem pensar, o hábito de redes, ninguém tira.

González, interessado em aprender esse tipo de arte, acha ótima ideia, unir o útil ao agradável, propõe uma ida à Vila da Santíssima Trindade, para observarem algumas obras.

Hubert admira o entusiasmo do índio nessa arte tão antiga e combina ficarem os dois, alguns dias, na pousada de um amigo, também europeu, foragido de lutas internas no seu país e que veio dar, sabe Deus como, naquelas paragens. Só avisa que o amigo, Henry, é dado a bebedeiras, mas bom sujeito, que González não se espante.

Nessa noite, o paraguaio dorme pouco, sonha acordado com lindos olhos azuis, um sorriso doce e desenhos numa cadeira, que imagina fazer e dar de presente.

Ouve o chamado de Hubert, ao amanhecer, e salta rápido da rede. O companheiro o espera com uma carroça cheia de instrumentos de carpintaria. Animados, partem em direção à Vila da Santíssima Trindade, na carroça pesada, que balança para os lados, conforme as dificuldades do caminho, mas puxada por dois cavalos espertos que tomam emprestados.

Parte Gonzáles para mais uma aventura dentro das terras brasileiras.

CAPÍTULO XIII
BEM-VINDOS

González e Hubert, após viagem cansativa e ensolarada, chegam finalmente às imediações da vila. Encontram um problema, levar a carroça num barco maior, já que não são turistas. Embarcar também os cavalos, que seriam necessários ao transporte da carga. Após muitas negociações com os barqueiros da região encontram Manolo, que por um preço razoável e um barco largo, dispõe-se a levá-los. Percebem, os viajantes, que encontrarão dificuldades, ao sair do Quilombo do Piolho, conhecido refúgio.

Avistam os limites da vila com as águas do rio Guaporé e sentem-se maravilhados com sua natureza exuberante. É um lugar realmente bonito e merece a fama de melhor atração turística da região.

Desembarcam seus pertences, auxiliados pelo barqueiro e seguem em direção à pousada de Henry, que não os espera. Após entradas e saídas de algumas ruas, o holandês não se lembra direito, chegam na casa alta, de pedras, com várias

janelas e um portão de madeira fechado com cadeado. Em cima dele está escrito, com letras vermelhas e graúdas: "SOYEZ LES BIENVENUS!"

Hubert explica a González que o amigo é francês, por isso o nome em língua estrangeira, que significa: "SEJAM BEM-VINDOS!". Batem num sino ao lado do portão e, uma senhora, de cabelos brancos presos num coque, rosto vermelho e sorridente, vem à porta. Senhorio Henry não se encontra, mas ela poderá atendê-los. Encaminha-os a um quarto amplo e arejado, dando orientação a um escravo uniformizado, para levar a carroça e os cavalos a uma estrebaria, no começo da rua, onde seriam cuidados.

González sente-se bem naquele lugar e percebe que tiveram mesmo uma ótima ideia em viajar para a vila. A diferença de pessoas, de local, muda a personalidade, torna-o mais culto, antevendo maiores conhecimentos.

Estavam à mesa do jantar, quando Henry se aproxima, meio cambaleante e alegre, para abraçá-los. Passou o dia fora, desculpa-se por não os atender. Hubert, com um sorriso de compreensão, abraça-o carinhosamente, apresenta González, um companheiro de abrigo, interessado também em carpintaria. Vieram a trabalho e não pretendem ficar muito tempo.

Henry, puxa uma cadeira e senta-se com eles, pergunta, com satisfação, o que gostariam de beber?

Hubert e González, cansados da viagem, preferem um chá e Henry, rindo, manda vir uma bebida mais forte, um tipo de rum com conhaque, para fazerem um brinde. Há muito tempo que

os amigos não se viam. Bebem um pouco e logo iniciam, em voz alta, uma cantoria típica da terra. González, sem conhecer direito, acompanha-a com batidas na mesa, completamente absorto no ritmo e som. A bebida embriagou-os tanto que mal conseguem chegar ao quarto. Jogam-se nas camas e nem reparam que não são as redes de costume.

Acordam, no dia seguinte, com ressaca, mal-acostumados a beber. Dona Ofélia, a senhora que os atende, uma espécie de gerente, oferece-lhes um chá semelhante aos efeitos de nosso café atual, que os desperta e alivia a dor de cabeça. Acostumou-se ao patrão. Serve-o há anos e sabe que a bebida e ele são inseparáveis.

González, enquanto espera por Hubert, que vai buscar uns papéis e pincel para desenho, sai à rua para andar. Percebe que não está longe do centro da cidade, onde fica a catedral. Lembra-se logo da moça e pensa, "Quem sabe, não está a orar?" Encaminha-se para lá e percebe correria e agitação no povo. Uma moça, montada num cavalo em disparada, passa à sua frente, aos gritos, sem domínio da montaria.

Aflito, com a agilidade costumeira de um nativo do mato, corre em direção a ela e, num salto, com uma mão domina o bicho e com a outra, segura a moça, que assustada, agarra-se a ele, para não cair.

Aos poucos, o cavalo para, e González, com delicadeza, suspende a moça, coloca-a em terra. Aflitos, surpresos, a moça reconhece o índio que viu na igreja e ele, com espanto e alegria, vê que a moça que salvou é a mesma que não lhe sai da cabeça.

Entontecido, deslumbrado, preocupa-se com seu bem-estar. Acomoda-a num banco, verifica se não houve ferimentos, trata-a como a uma rainha, a mulher dos seus sonhos...

Amanda, a moça assustada, agradece a gentileza e atenção do índio, sente vergonha. Sempre montou bem, mas o cavalo se assustou com uma capivara que atravessou o caminho e disparou, antes que ela reagisse. Tenta explicar com dificuldade, mas percebe o olhar admirado e apaixonado de González. Olha-a com tanta emoção, que encabula e se comove. Não consegue falar. Presta atenção nas feições fortes do índio, seu corpo musculoso e moreno, seu olhar amoroso e honesto, cabelos lisos e compridos, presos a uma trança; sente proteção e gratidão. Uma estranha atração a invade e desperta, de repente, um homem severo a chama, seu pai.

Dr. Rafael, pai de Amanda, dono de terras, homem conhecido na região, foi avisado do perigo que correu a filha e vem buscá-la. Quando a vê com um índio, espanta-se, mas Amanda explica que ele a salvou de uma forte queda e tentou ajudá-la. O pai, agradece, estende a mão a González e lhe oferece uma indenização.

González, ofendido, afirma-lhe, com palavras confusas, que sentiu honra em servir a moça, e, por sorte, não aconteceu nada. Foi só o susto.

Dr. Rafael agradece-lhe novamente e pergunta se é morador novo na cidade? González responde que veio para estudar como fazer entalhes em madeira, acompanha Hubert, um carpinteiro holandês. Admirado, o senhor elogia esse trabalho, que considera uma arte, convida-o a aparecer em sua fazenda, quando precisar de algo.

Despede-se rápido e toma o braço da filha, levando-a para uma carruagem. Não percebe que a filha e o índio trocam olhares enternecidos, ela de agradecimento e, ele, de amor, mesmo.

CAPÍTULO XIV

A APRENDIZAGEM

Hubert aguarda o retorno de González, sem saber o que aconteceu. González aparece à sua frente, ansioso, distraído. Conta ao companheiro que salvou uma moça da queda de um cavalo em disparada. Conheceu também o pai, figura proeminente na cidade. Ajuda o colega com o material e se dirigem à catedral, onde será o centro dos estudos.

Quando chegam, admiram os entalhes que existem. Passariam o dia a observá-los, mas recebe-os o pároco da igreja, arcebispo local, Dom Salvador de Sá, que os encaminha a um salão de confecção e conservação dos objetos em madeira, principalmente os vindos de Portugal. Alguns artesãos trabalham no local. González e Hubert impressionam-se com a técnica e pedem a Dom Salvador permissão para frequentarem o local.

O arcebispo, espantado com o interesse deles, consente e que levem para suas terras essa arte tão rica e antiga. Vila Bela da Santíssima Trindade está criando bases históricas para novos desenvolvimentos, pensa ele.

Assim González e Hubert começam sua estadia na ilha. Iniciam o aprendizado pela manhã, e voltam à noite para a pousada, cansados, mas satisfeitos. Antes de adormecer, o nativo se lembra de Amanda e imagina como encontrá-la, na cidade pequena, onde todos sabem das novidades, inclusive o ato heroico do salvamento.

Enquanto seus pensamentos voam em direção à bela jovem, Amanda lembra, ao anoitecer, a figura do índio que a salvou. Curiosa por seu trabalho e o entusiasmo que sentiu ao vê-la, desperta nela estranho interesse.

Numa tarde agradável, quando o calor do sol é ameno e os mosquitos menos agressivos, Dona Eudóxia, mãe de Amanda, resolve pagar uma promessa que fez à Virgem, convida-a para irem à catedral. Gostaria também de conversar com Dom Salvador sobre a quermesse que fariam em benefício aos pobres da região.

Amanda, com interesse em participar do evento, aceita, coloca o xale e o véu. Tomam o coche em direção à cidade.

O cocheiro, suado em seu uniforme vermelho que contrasta com sua negritude, para defronte à igreja e ajuda-as a descer. É repreendido por Dona Eudóxia que logo grita: Cuidado com o meu braço Tadeu! Assim a dor volta e nem adianta pagar a promessa. Amanda sorri para Tadeu e diz: Calma mãe, nada acaba quando Nossa Senhora cuida, de verdade!

Entram na esplêndida nave e Dom Salvador, com entusiasmo, corre a recebê-las. Dona Eudóxia é a maior colaboradora entre as paroquianas locais.

Após as orações de praxe e as genuflexões aos santos, o arcebispo convida-as a visitar o salão, onde os artesãos exercem suas atividades, novidade da igreja.

Ao entrarem, Amanda se surpreende. Entre os vários homens que trabalham, avista González, que, entretido em lixar um pedaço de madeira, não a nota. A estatura do índio, o porte diferente, os cabelos longos e soltos do nó que desata, destacam a figura nativa dos outros artesãos. Aproxima-se lentamente, curiosa em conhecer o trabalho. Perde a inibição inicial.

González, ao vê-la, sente novamente aquele prazer e ilumina o rosto com largo sorriso, que Dona Eudóxia percebe. Chama a filha, mas Amanda, atraída pelo nativo, permanece ao lado de González, e pergunta-lhe o que pretende com aquela madeira? Ele, com olhos brilhantes e apaixonados, responde: Uma cadeira, que darei de presente.

CAPÍTULO XV

O AMOR DESABROCHA

González, feliz com a presença de Amanda, convida-a para vê-lo trabalhar. Ela se interessa e promete vir todas as tardes. A mãe estranha o comportamento da filha e diz que são afazeres masculinos, de serviçais da igreja, não para mulheres. Amanda, ao ouvi-la, sorri para González e afirma admirar todo tipo de arte. Acha maravilhoso transformar grossas madeiras em delicados objetos artesanais.

Dona Eudóxia lembra seus afazeres nos bazares da igreja, mas a moça afirma que tem disposição para tudo. Participa do trabalho de González e, quando fica difícil sair de casa, afirma que irá pagar promessa na igreja.

A presença constante do índio, a energia, os sentimentos que sente por ela, a atraem, superam qualquer preconceito. González, aos poucos, fala dele, da vida com os pais, dos acontecimentos que o levaram a viajar para o Brasil.

Amanda admira suas atitudes e, quando percebe, está apaixonada por ele. A masculinidade do nativo é diferente dos moçoilos elegantes e meio afeminados que conheceu na capital.

Dona Eudóxia, ao observar a filha, manda Tadeu acompanhá-la à igreja e ver aonde vai. Tadeu, gosta demais de Amanda e mente, alega que a sinhazinha ora na catedral por bom tempo.

— Ela sai da igreja e vem direto para casa? Pergunta Dona Eudóxia.

— Sim, sinhá dona, responde o escravo — a gente vem pra fazenda.

Acontece a quermesse da igreja, com festividades locais e danças. Amanda convida González. Ele aceita ser o par dela nas contradanças, se ela o ensinar a valsar.

Hubert preocupa-se com o índio quando os vê juntos e percebe que se gostam. Considera a situação perigosa para o amigo e acha melhor voltarem para o Quilombo do Piolho, lá têm proteção.

O amor que desabrocha entre González e Amanda é mais forte que o medo, torna-se um grande aliado.

No dia marcado, diante de todos da pequena ilha, Amanda aparece com González e causa espanto geral. "Uma moça branca, loura, de origem europeia, educação rígida, e um indígena, de fala estranha, escuro, com outros costumes, outra civilização..."

O casal resolve enfrentar olhares e dançam apaixonados a valsa recém-aprendida. Hubert mal olha, quando percebe a presença de Doutor Rafael, na festa. Teme que o amigo seja morto. O

pai de Amanda a observa com raiva. Sente-se traído por todos, esposa, filha, Tadeu, artesãos, até pelo arcebispo.

Acabada a dança, toma com brutalidade o braço de Amanda e, sem olhar para González, diz: — Com você, resolvo depois!

CAPÍTULO XVI
AS CONSEQUÊNCIAS

Amanda, trancada no quarto, chora copiosamente. O pai não permite qualquer defesa ou explicação. Não a quer misturada com outras raças, mesmo civilizadas ou cristãs.

É uma época difícil para a colonização do império, muitas guerras com vizinhos, desavenças entre eles, lutas para a conquista do lugar. Doutor Rafael torna-se um homem frio, rígido, dominador. Não admite controvérsias.

Tadeu, coitado, já idoso é levado ao tronco para sofrer chibatadas. Amanda, ao saber disso, enche-se de revolta e, com força, quebra o vidro da janela e pula. Corre em defesa de Tadeu e enfrenta Solano, o feitor da fazenda, coloca-se à frente da chibata.

Todos correm ao local e Solano, sem ação, chama o patrão. Amanda enfrenta o pai e grita que bater em Tadeu poderá lhe causar graves problemas. Doutor Rafael, espantado, interroga a filha: — O que é isso, agora?

Amanda, firme, lhe responde que terá problemas com a justiça.

— Está para ser aprovada a Lei dos Sexagenários, escravos com mais sessenta anos serão libertos. Se souberem, na capital, que o Senhor açoitou um escravo velho, poderá responder por isso.

Doutor Rafael, assustado com a filha que desconhece, ordena a Solano que solte Tadeu. Todos os escravos a admiram e Amanda volta ao quarto, mais segura.

Nos dias que se seguem, Doutor Rafael permanece fechado no escritório, pensativo, medita sobre as mudanças na filha que enviou para estudar em colégio de freiras.

Dona Eudóxia, aflita, incomodada em seus hábitos, borda uma toalha e espera que a filha volte ao normal, que pare de soluçar e obedeça ao pai.

Amanda, ainda trancada, nega-se a comer e pensa em se comunicar com González. Teme que algum mal lhe aconteça. González, impedido por guardas de entrar na pousada, refugia-se na catedral, com auxílio de Dom Salvador de Sá, que o esconde no porão, abaixo da sacristia. Solitário, pensa em Amanda.

Hubert, também preocupado, tem uma ideia e vai visitar o amigo. Propõe que poderiam fazer uma visita ao Doutor Rafael, pedir desculpas, lembrar que González salvou Amanda do acidente a cavalo e criou apego à menina. Queriam desistir do curso e voltar em paz às suas terras. Contam com o apoio e proteção dele. Acompanhados pelo arcebispo, estariam seguros.

González ouve o amigo, se entristece, mas percebe que é a única saída que têm e aceita o plano. Dom Salvador também aceita ajudá-los.

Dirigem-se à fazenda e, cada vez mais espantado, Doutor Rafael os recebe. Confia muito no arcebispo e sabe de sua influência local. Hubert se explica ao pai de Amanda e González pouco fala. A moça sabe por sua Bá, a escrava Lala, que González está na casa. Curiosa, pede a Lala que ouça tudo o que falam.

Soube que sairão no dia seguinte, tomarão o barco de Manolo às dez horas de volta às terras próximas da fronteira. González pretende voltar ao Paraguai.

Doutor Rafael, após momentos de reflexão, reconhece que não convém prejudicar o índio por ter dançado com a filha. Se ele pretende desaparecer, muito bom. Concorda. Os moços saem com a promessa de não mais voltarem à vila.

Amanda, após ouvir Lala, não se conforma. A cabecinha loura arquiteta planos.

CAPÍTULO XVII

A FUGA

Na manhã seguinte, González e Hubert saem da pousada com os pertences, a carroça e os cavalos; seguem em direção à praia, limite com o rio Guaporé. Procuram por Manolo, o barqueiro que os trouxe, para conduzi-los de volta.

Manolo, como que a esperá-los, encontra-se no mesmo lugar e atende-os com ligeiro sorriso de boas-vindas. Ajuda-os a embarcar. Assim que saem, González estranha a caixa grande, coberta por uma manta, jogada no fundo.

— Está a transportar outra coisa homem?

Manolo sorri e responde que enviaram um presente para ele. Hubert e González aproximam-se, curiosos, afastam a manta e abrem a caixa cheia de furos. Quase caem de susto quando veem Amanda, que se levanta muito pálida.

— Mas o que é isso, menina, o que você fez? Fugiu? Pergunta Hubert, furioso.

González, emudecido, abraça Amanda e a protege com seu corpo. Agora sim, estamos enrascados, fala Hubert.

— Eu soube dos planos ontem, com meu pai, responde Amanda, — durante a noite, quando a casa dormia, vesti uma roupa de garoto, peguei um cavalo e cheguei aqui antes de vocês. Sabia que por uns trocados o barqueiro me levaria também?

González, atordoado, continua calado. Não sabe dizer se sente alegria ou temor. Sabe que tem que protegê-la, nem que lhe custe a vida. Faz com que ela se sente, cobre-a com a manta para protegê-la da brisa e resolve levá-la ao escondido Quilombo do Piolho, que poucos conhecem.

Atravessam rápido o rio e pulam para a outra margem, colocam tudo em terra. Dirige-se a Amanda:

— Ainda teremos uma boa caminhada, será que aguenta?

A moça, determinada a seguir o homem que escolheu para sua vida, responde sim. Sabe que muitas dificuldades a esperam...

A carroça balança, leva mais alguém agora e percorre vagarosa, caminhos estreitos, diferentes da vinda, mas conhecidos por Hubert, que não quer deixar pistas. Ao entardecer, Amanda percebe o início de um território diferente, fortificado, o Quilombo do Piolho, lugar de abrigo dos que se refugiam.

CAPÍTULO XVIII

NO QUILOMBO

O Quilombo do Piolho se esconde em mata cerrada. Protegem a entrada inúmeros tapumes entrelaçados, semelhante a um forte. Hubert dá um assobio característico, o grande portão se abre e os recém-chegados entram. Despertam curiosidade geral e logo se forma um aglomerado de nativos, escravos foragidos, brancos europeus que atravessaram fronteiras e brasileiros do país. Como um município à parte, dentro da imensa região mato-grossense.

Amanda jamais imaginou uma aventura tão estranha. Protegida por González, os três se dirigem à casa de Hubert, onde são recebidos pela mulher Bertha e as três filhas. Espantam-se quando a moça tira o chapéu, deixa cair os compridos cachos e percebem que é uma mulher, disfarçada de garoto. Logo a novidade se espalha, o índio paraguaio e a moça branca, brasileira. Estariam casados? Perguntam. Muitos brancos se uniram a mulheres indígenas, mas o contrário, é novidade.

Os mais experientes concordam com Hubert:

— Outro problema a enfrentar, escondê-los das perseguições autoritárias, que, com certeza, sofrerão. A moça veio até disfarçada...

Bertha, compadecida, recebe Amanda com carinho e logo coloca em prática as atividades. Providencia roupas adequadas à moça e alimentação e repouso aos cansados viajantes. Fica feliz ao rever o marido, prático e hábil.

Amanda aceita, com espanto, a rede para dormir. O cansaço da viagem, a emoção da fuga, a novidade que encontra no Quilombo, é demais para o temperamento inteligente e dócil, adormece rapidamente.

Os dias se sucedem no Quilombo, com os afazeres normais de cada um. Gonzáles e Hubert trabalham juntos, colocam em prática o que aprenderam na vila. Amanda sente dificuldade de adaptação. Na fazenda, era senhora, mas procura integrar-se às mulheres indígenas, tenta aprender como plantar e colher. Participa de algumas festas simbólicas de recepção e boas-vindas. Percebe que os nativos são amistosos e querem recebê-la. Alia-se a Laua, companheira de Juan, indígena alegre e simpática, que a coloca à vontade nos costumes das tribos. Laua curiosa, admira sua pele branca, seus cabelos claros e longos, seu modo de vestir em pleno mato, ao sol ardente. Com orientação, Amanda muda o modo de ser e de vestir. Corta os cabelos como as índias, curtos, lisos, com pequena franja. Substitui as saias longas por tangas de panos leves, enfeitadas com penas e, pequeno porta seios, feito de lenços, embora algumas mulheres deixem o corpo à mostra.

Na cabeça, protege-se do sol e de insetos com um chapéu de abas largas feito com folha de palmeira trançada. Aos poucos, a única diferença entre ela e a comunidade indígena é o tom claro da pele e a cor dos cabelos. González, compreende seu esforço e, cada vez mais apaixonado, tenta aliviar a vida no Quilombo.

Juan, amigo prestativo, admira a loucura de González, coloca-se à disposição para erguer uma choupana, onde pudessem pernoitar com privacidade. Entende que a moça não é cria do mato, acostumada com aldeias e tendas. A única inimizade que Amanda encontra é quando conhece a africana Kalu, antiga companheira do homem que ama e de quem tomou o lugar. Percebe que não adianta tentar agradá-la. Problemas existem com mulheres no Quilombo. González é um índio atraente, forte, gentil, agradável às mulheres. Consideram-na uma intrusa.

Dedica-se ao trabalho na plantação, com interesse e amor, curiosa em aprender coisas que só via de longe. As técnicas para plantar e colher, a atraem, levanta-se ao clarear o dia e adormecer, ao lado de González, quando a tapera fica pronta. O momento amoroso dos dois.

Amanda sente-se feliz ao lado de González e ele, movido pela rotina diária, não percebe quando ela fica inquieta, pensativa, alguma ideia a incomoda. Laua estranha e pede a González para observar. Talvez fosse início do banzo, o sentimento de tristeza e saudade das origens, que acometia alguns.

González interroga Amanda:

— O que sente, saudade de casa, quer que a leve de volta?

Amanda sorri e nega, fica com ele, sempre gentil e carinhoso, mas gostaria de ter uma união abençoada. Foi educada na fé cristã e, um casamento religioso lhe daria mais paz. Não condena os hábitos indígenas, nem o costume de ter várias mulheres, mas, entre eles, dentro das origens. González, catequizado por jesuítas, a compreende, e começa a estudar um jeito de satisfazer sua vontade. Lembra dos pais, dos rituais de sua aldeia, no Chaco, tenta explicá-los a Amanda, sabe que procurar uma igreja católica, no momento, seria perigoso.

CAPÍTULO XIX
O CASAMENTO

González quer satisfazer a vontade de Amanda, realizar um ritual que confirme, na sua crença, a união dos dois. Pesquisa os vários tipos de casamento que existem nas tribos, as cerimônias dos brancos e a união dos casais da raça negra, no quilombo.

Conversa com Kalu que se espanta, ainda apaixonada, mas sorri e responde: "Quando escravos de alguma fazenda resolvem se unir, seguem a vontade do dono, ficam na frente de um padre, ouvem o que ele fala sem entender, cumprem apenas ordens". Ela soube pelos pais, que, na África, não há casamento, nem cerimônia especial de união, mas Lobolo ou Alombamento, sem certidão ou rito religioso.

González se interessa e pergunta: o que é Lobolo?

Kalu, entre risadas, responde:

— Muitas vezes, o homem já é unido à mulher há anos, com filhos, sem que ela seja lobolada. É um arranjo comercial, que

o noivo faz com os pais da noiva, promete presentes que os satisfaçam: roupas, sapatos, potes de rapé, vinhos, animais, até quantias, se eles pedirem. Quando o noivo cumpre as promessas, realizam, então, um almoço que se estende até o anoitecer. Convidam vários vizinhos, servem chás, carnes de cabrito ou frango, arroz, batata frita e o tradicional purê de farinha de milho, o xima. Dão gritos de alegria, o kulunguana e entoam cantos da língua materna, o xangana. É convidado o ancião, chamado nduna, que preside a transação. A cerimônia é tradicional e a noiva fica, então, lobolada. A prova que o homem quer fazer parte daquela família, mas pode ter outras mulheres, se tem como sustentá-las.

González acha um costume diferente, curioso, e quem ri, agora, é ele. O noivo tem que ser rico para se casar. Não basta o amor.

Pensa um pouco e acha que Amanda dará boas risadas quando souber. Não é o caso deles, a situação é diferente. Vai conversar com caciques ou pajés de algumas tribos que lá estão. Fica conhecendo novidades da tribo dos pais. Algumas praticam a poligamia, como Tupinambás e Xavantes. Outras, a poliandria, casamento grupal, como os Xoclengues.

No Brasil, a maior parte dos índios é monogâmica. Se uma pessoa não nativa, quiser se casar com índio, precisa de uma permissão, mas não reside com eles, não passa a ser nativo, os Tinguis-Botós, por exemplo. Geralmente, os pais da jovem é que pedem a união da filha com outro índio.

González se solidariza com uma tribo com rituais semelhantes aos da Igreja Católica e decide pedir a opinião de Amanda.

Com a promessa que terão a bênção futura de um padre católico, Amanda aceita participar do casamento igual ao dos pais de González, mais por ele.

Mulheres da tribo escolhida a enfeitam e pintam com cores especiais para a ocasião. A cerimônia é ao ar livre e tem longa duração. Os anciãos mais antigos vêm para celebrar.

Dois casais são chamados para representarem os pais dos noivos e dão a eles um alimento típico chamado paparuto. Muita música e dança é feita ao redor do casal e uma fogueira os ilumina, quando chega a noite. Os anciãos fazem uma resina colorida e passam nos braços da noiva. Simboliza a passagem para uma nova vida.

Finalmente, após palavras proferidas pelos mais velhos, Amanda e González são liberados e se consideram casados. Recebem cumprimentos dos amigos próximos e se retiram para a choupana. Amanda sente-se feliz. Embora diferente, está casada, dentro dos costumes de González, o homem que escolheu para marido.

CAPÍTULO XX
A INVESTIGAÇÃO

González e Amanda usufruem da liberdade, felizes, recém-casados. A jovem se desembaraça das dificuldades iniciais, considera-se habitante do Quilombo do Piolho, faz parte da vida dos moradores.

Enquanto isso, na bela Vila da Santíssima Trindade, seu pai, Dr. Rafael, vive em ação. Sem descanso, procura interferir na busca das autoridades, para localizar a filha fugitiva e o índio González. Quando foram vistos juntos, pela última vez? Estariam ainda em solo brasileiro? Como Amanda fugiu da ilha? Soube que o barqueiro Manolo levou duas pessoas ao continente, González e Hubert, como combinaram, mas a filha não foi junto.

O barqueiro Manolo sofre na mão dele e das autoridades. Torturam-no com perguntas maliciosas para convencê-lo a falar. Querem a verdade e que caia em contradição. Não denuncia, afinal, protegeu o casal, recebeu dinheiro. É homem pobre, mas sentimental.

Dr. Rafael, enraivecido com a desobediência da *única filha, interroga os escravos e outros subordinados. Com medo, um deles, o Chico, que cuida dos cavalos, lembrou que viu, na madrugada anterior à fuga, um rapazote cavalgar em direção à estrada, de chapéu, e pensou: «Aonde irá esse jovem, com tanta pressa, de madrugada?» Mas não lembra do rosto. Não percebeu quem era.*

Pronto, Dr. Rafael já tem um ponto de partida. Amanda vestiu--se de homem e foi atrás do nativo. Agora terá que descobrir quem a levou. Outro barqueiro, talvez. Chama as escravas que servem a casa e a Ba, para saber quem lhe cedeu as roupas. Todas negam com medo do castigo e das chicotadas.

— Amanda é moça inteligente, pensa o pai, não será fácil encontrá-la, mas nem que eu leve a vida toda, acabarei achando.

Deixa de lado as investigações das autoridades locais, alguns soldados do exército, chefiados por um tenente, e procura um antigo feitor, da época dos muitos escravos; Homero, famoso por sua habilidade em encontrar escravos foragidos. Conhecia bem a região e percorria as cidades em formação, Dourados, Miranda, Coxim, como ninguém. Quem sabe estariam por lá. Se houver outro local, mais escondido, com certeza, Homero achará. Confiando nele e mantendo a busca, Dr. Rafael se aquieta.

O feitor inicia as buscas informando-se na catedral. Dirige-se aos integrantes da escola de marcenaria e pergunta sobre Hubert e González.

De onde vieram, o que faziam antes, por que o índio veio ao Brasil, sendo paraguaio? Os antigos companheiros pouco falaram, o índio era muito quieto e habilidoso. Queria aprender logo a fazer uma cadeira e doar à Srta. Amanda. Era visível seu encantamento pela moça! A única coisa que sabiam dele. O outro, Hubert, europeu, falava um português engraçado, mas era mais conversador. Gostava de bebericar, cantar, contar histórias de sua terra. Homero percebeu que vieram de algum lugar de mata virgem, sudoeste do recém-formado estado de Mato Grosso, quase limite com fronteira do Paraguai ou Bolívia. Mas, de onde, difícil saber. Acabaria descobrindo.

Munido de apetrechos de montaria e acompanhado de alguns rapazes armados, resolve penetrar na fechada selva mato-grossense, repleta de rios, cachoeiras, mangues e pântanos. Percorre regiões habitadas por tribos indígenas desconhecidas, tenta se comunicar com eles, e não percebe nenhum traço de homem branco. Homero começa a admirar a coragem e o amor da sinhazinha Amanda pelo nativo, embrenhar-se nesses lugares e deixar as facilidades da fazenda.

CAPÍTULO XXI

PIOLHOS?

Percorrendo lugares escondidos, dormindo em chão de terra, próximos a alagados e pântanos, Homero e seus homens prosseguem na busca insana, para achar a sinhazinha e González.

Descem aos poucos pela selva mato-grossense, pesquisam regiões não habitadas, desconhecidas do homem branco e dos índios. Quando encontram sinais de habitação numa clareira, descobrem que são destroços, restos de antiga aldeia.

Após várias cavalgadas, deparam-se com um caminhante solitário, em busca de um povoado, onde pudesse habitar. Pela fala, o português, descende de colonizadores, antigos exploradores das riquezas da região. Homero conversa com Teodoro, o nome de batismo, para saber de onde vem e o que sabe. Se é possível, naquelas paragens, haver colonização. Parece estarem longe disso.

Teodoro vem da fronteira, vivia com pescadores, não se encaixa mais na pesca e procura nova vida. Uma cidade próspera, com melhorias, para arrumar trabalho e fincar um teto.

Homero fala da vila, beleza daqueles lados, o turismo da região. Talvez chegasse até ela e arrumasse ocupação. Pergunta, se no caminho, encontrou algum povoado. Procura um casal fugitivo, sem pista de solução.

Teodoro pensa um pouco, sacode a cabeça, diz que não. Encontrou pelo caminho algumas tribos indígenas, mas teve medo. Não eram amistosos com estranhos. Os antigos contam que, no passado, havia um quilombo naquelas paragens, bastante fortificado e escondido, com escravos foragidos e brancos desertores, mas o exército destruiu há anos. Nada restou.

Homero fica quieto, pensa um pouco, concorda que não encontrou mesmo antigas habitações, mas interessou-se pelo assunto e perguntou se sabia o nome desse quilombo. Teodoro dá um sorriso e responde Piolho, Quilombo do Piolho, só não sabia por quê. Talvez tivesse mesmo muito piolho.

Descansa o caminhante com eles, entabulam uma prosa, contam casos. Anoitece, Homero abre a garrafa e começa a bebedeira. Teodoro adormece e segue viagem na manhã seguinte. Vai em direção à Vila Bela, quem sabe não fica por lá.

Homero e seus homens seguem direção oposta, não sabem o que irão encontrar, mas ele começa a cismar com o quilombo, a acreditar. Quem sabe não acabou totalmente e voltou a funcionar? Escravos ainda fogem. Há movimentos para a libertação, mas nem todos acreditam.

Cavalgam por dias e nada acham. Embrenham-se tanto no mato que não encontram a saída, sentem-se cansados. Tentam retornar e descobrem um caminho diferente. A estrada

é estreita e termina num rio, com pequena ponte. Homero olha na outra margem e vê um tipo de plantação cultivada. Pensa, há gente na região. Resolve parar, descansar os cavalos e sossegar os homens. Estão assustados com essa busca, mas talvez encontrem pista.

Escolhem um local arenoso, vegetação rasteira e, protegidos por árvores de baixo porte, se encolhem e adormecem, à espera de um amanhecer promissor.

A mata silencia, ouve-se apenas a passagem das águas do rio que caminham, tranquilas, em marcha lenta. O céu, de um rosa laranja, escurece aos poucos, em grossas nuvens. É noite na selva ao sul de Mato Grosso.

CAPÍTULO XXII

A CHEGADA

Homero e seus homens adormecem pesadamente. Os efeitos da procura sem sucesso, os goles da bebida que passou de mão em mão, a solidão da mata fechada, fizeram com que procurassem nos sonhos, nas horas de sonolência, o alívio das angústias. Mal percebem que o tempo muda bruscamente. Nuvens escuras e pesadas transformam a negritude da noite. Um vento rápido e barulhento sacode com violência as folhas, que voam longe, espalha tudo que encontra. Relâmpagos e trovões prenunciam uma catastrófica tempestade. As águas calmas do rio se transformam em agitadas ondas que, por não encontrarem espaço no baixo leito, se agigantam, com os grossos pingos da chuva que cai, de repente. Espalham-se pelas terras das margens e originam a enchente, famosa consequência que acontece em alguns rios, após tempestades, no estado de Mato Grosso.

Os homens acordam assustados e, arrastados pelas águas, mergulham no rio, desfalecem. Não conseguem se livrar da água violenta que cobre tudo, árvore, plantas, animais, chão de areia

e terra. A ponte estreita, que os levaria para a outra margem, fica submersa. A tormenta, que devasta tudo, tranquiliza-se da mesma forma que se inicia, dando origem a grandes lagos que aumentam a largura do rio. Fenômenos estranhos da natureza, que proporcionam aos que sabem mergulhar, nova paisagem debaixo d'agua.

Corpos são encontrados ao amanhecer, jogados na superfície das novas margens, por índios que habitam o outro lado do rio. Um deles, ainda com vida, é socorrido a tempo, pela habilidade desses habitantes acostumados com as vantagens e desvantagens do clima da região. É Homero, homem destemido e forte, cuja obstinação parece que o livra até da morte prematura. Quem o ajuda nesse quase falecimento, com movimentos que o ajudam a expelir grande quantidade de água e inspirar novamente ar aos pulmões? González e seus irmãos de raça, o inimigo que persegue há tempos. Homero encontrou, semimorto, o Quilombo do Piolho.

CAPÍTULO XXIII
RESGATE

Com cuidado, González e seus amigos afastam o grosso tronco que caiu sobre a perna de Homero e arrastam o homem, inconsciente, até uma esteira de folhas, para empurrá-lo até a aldeia.

Ao entrarem no Quilombo, é grande a agitação. Aproximam-se em silêncio e observam, curiosos, o único sobrevivente dos estranhos que pretendiam abordá-los.

González leva-o à sua choupana e Amanda os espera, aflita.

Pedem o auxílio do pajé, conhecedor das ervas medicinais em situações de quase afogamento e, ajeitam-no numa rede improvisada. Percebem na perna de Homero uma grande ferida. Tentam imobilizá-la com talas de madeira e faixas.

Amanda traz folhas quentes, tenta aquecê-lo e aliviar o roxeado da pele. Ao examinar o rosto, reconhece-o como antigo feitor da fazenda do pai, na infância, e recua assustada.

González percebe a estranha reação e a interroga, aflito. Não é um simples salvamento? Chegam à terrível conclusão de que ele e seus homens estavam à procura dos dois, a mando do pai. E agora, o que fazer, salvá-lo ou deixá-lo morrer?

O casal resolve deixá-lo nas mãos do curandeiro. Quando se recuperar, pensarão em nova fuga, talvez para o Chaco, no Paraguai.

Os dias passam e Homero apresenta poucas melhoras. O pajé coloca em prática os ensinamentos naturais, principalmente unguentos que aliviam e cicatrizam a ferida da perna. Está com uma infecção difícil de ceder. Talvez recorram a métodos mais graves, usados para esses casos. Os índios sabem como agir, dentro da medicina que conhecem. Para aquecer o corpo, em caso de baixa temperatura, aproximam o doente de uma fogueira, constantemente alimentada. Sabem provocar vômitos quando ingerem excesso de alguma substância ou usar inalações para melhor funcionamento dos pulmões.

Respeitam o pajé e seguem sua orientação como a pessoa de maior poder e influência na tribo. É o sacerdote, profeta, adivinho, zelador das coisas sagradas, conselheiro e legislador com grande ascendência sobre eles. Esse poder pode estar também nas mãos de mulheres velhas.

Os indígenas acreditam que as doenças são causadas por algum ser sobrenatural, por ações climáticas, pelos astros, pela força de uma praga ou castigo. São denominadas conforme a parte ou órgão do corpo afetados. O tratamento é baseado nas propriedades da imensa flora conhecida.

Amanda, com algumas noções da medicina científica aprendida no tempo de escola, interessa-se por essa medicina natural e os efeitos que produz. Para o ferimento e ulceração da perna de Homero, o pajé indica unguentos de uma planta chamada copaíba, capeva ou pariparoba, com finalidades cicatrizantes e anti-inflamatórias. Para a dificuldade respiratória, o jataí e o petume ou tabaco. González explica a Amanda que os indígenas usam também outros recursos além dos vegetais, como o sangue humano ou de animais, que são reconstituintes; salivas, que são cicatrizantes; urina, usada como excitante ou vomitiva e bicos, garras, chifres e ossos, reduzidos a pó entre duas pedras e dissolvidos em água ou sucos.

O tratamento dado a Homero desperta o interesse de todos, consideram especial por ser o único sobrevivente da enchente e, para Amanda e González, o responsável pela orientação de suas vidas futuras.

CAPÍTULO XXIV
A RECUPERAÇÃO

Homero, sob cuidados constantes do pajé e dedicação de Amanda, que esquece o medo do antigo feitor, tem uma longa recuperação. Passa do estado inconsciente para sonolência e momentos de lucidez e fome.

Não percebe onde está nem quem o trata. Isso tranquiliza o casal que o hospeda. "Quem sabe bateu também a cabeça e esquece atribuições do passado", pensa Amanda. Os dias se sucedem num ritual à cura.

Num amanhecer, quando o sol escaldante resolve banhá-los, Amanda se levanta e corre para ver o feitor, a primeira preocupação do dia. Espanta-se e recua, assustada, Homero abre os olhos escuros e grandes e a observa. Demonstra interesse. Aproxima-se a cura.

Fala com ele, pergunta se tem fome. Homero, com sinal de entendimento, responde sim, e continua a olhá-la, curioso, mas não emite som.

Amanda traz-lhe um mingau de tapioca com banana da terra e um líquido de ervas escuras, adoçado com mel. Faz movimentos mecânicos com as mãos ligeiramente trêmulas.

Homero agradece-lhe e come avidamente. Parece não a reconhecer. Isso a alivia um pouco. González saiu, pela madrugada, na caça a capivaras e o pajé está em atendimento a um jovem africano, que apresentou manifestações estranhas, ao caminhar pela floresta.

Com o esforço da alimentação, Homero sente cansaço, fecha os olhos e dorme. Amanda aguarda, ansiosa, os auxiliares; desconhece como agir nessa recuperação súbita.

Quando acorda, Homero tenta se levantar. Quer conhecer o lugar e os habitantes. González chega, o feitor olha-o com curiosidade e começa a falar. Faz perguntas. Não demonstra conhecê-lo.

González conta que foi encontrado vivo nas margens daquelas terras, único sobrevivente de outros homens. Pareciam vir de longe. O que faziam pela região, desconhece.

Homero, não se lembra. Amanda aconselha-o a descansar e recuperar a memória aos poucos. No íntimo, torce para que tenha realmente batido a cabeça. Ainda o teme, embora estejam numa situação superior ao inimigo.

Na visita do pajé, à tarde, Homero agradece os cuidados e interroga sobre o tratamento. Sente-se melhor, sem febre, mais forte, mas um pouco tonto. O curandeiro afirma que se salvou da morte, teve uma infecção grave na perna e quase ficou sem ela; teve uma fraqueza pulmonar por ingerir muita água, mal

deixando-o respirar, felizmente, o estado agora é bom. Aos poucos, poderá se levantar, tomar sol e conhecer os arredores.

Homero, satisfeito, adormece novamente, cansado das informações.

Desde esse dia, todas as manhãs, Amanda o encontra acordado, atento, esperando-a para servi-lo e olhá-la, curioso. Tenta se levantar, sente tonturas e é aconselhado a esperar ajuda de algum homem forte. Cedo ainda para aventuras.

Observa Amanda e pergunta de onde é? Sua tez clara, cabelos louros, ela é diferente dos habitantes. Pelo que entende, está em uma aldeia indígena, escondida no mato, como tantas.

Amanda sente um calafrio, mas finge tranquilidade. Responde-lhe que é filha de europeus portugueses, habitantes de uma cidade próxima. Conheceu González, paraguaio, no trabalho do pai. Apaixonaram-se, casaram-se, foram viver na aldeia. Os mesmos costumes de sua tribo de origem.

Homero demonstra entender e não pergunta mais. Está aflito para saber como veio parar ali e o porquê, mas a mente confusa, a fraqueza, ainda são de difícil controle. O homem astuto, inteligente e esperto, que sempre foi, tem que se dar um tempo.

O pajé, sempre que pode, aparece na choupana para conversar e acompanhar a recuperação. Tem curiosidade em saber sobre sua vinda, como chegou a conhecê-los de forma tão acidental, o que fazia antes. Sente que Homero também fica curioso ao vê-lo.

Procuram conversar sobre a aldeia, como vivem e a chegada de estrangeiros. Formam um pequeno povoado. Não se fala em quilombo. O pajé sabe que existem refugiados e foragidos. Amanda e González fazem parte do grupo.

O antigo capataz se interessa pela conversa do curandeiro. Nunca soube de medicina indígena com curas naturais. Não tem conhecimento sobre os índios primitivos do Brasil, a não ser tratá-los como selvagens e imprestáveis ao trabalho escravo. No íntimo, sua personalidade agressiva, seu trabalho anterior, permanecem.

Logo que está mais disposto, anda pela aldeia, amparado pelo pajé. Homero tem boa acolhida.

Quer saber sobre tudo, o que fazem, como se alimentam, como permanecem vivos no ambiente terrível da floresta, sem comunicação e atendimentos; quer conhecer o tipo de medicina que usam.

O pajé, notando o interesse, empolga-se em divulgar seus conhecimentos. Usou unguentos poderosos para a infecção, tratou de desintoxicar os pulmões e diminuir as febres. A cura foi lenta, mas eficaz. Leva Homero para conhecer as tendas das várias tribos, os trabalhos artesanais, as plantações e os principais cultivos. As mulheres cuidam da alimentação e da educação das crianças. Aos poucos, Homero tem uma visão geral de como vivem na região. Pergunta sobre a vinda dos outros, dos negros africanos e alguns europeus. O pajé afirma que as águas os trouxeram, um sinal mágico. Vontade dos deuses.

O antigo feitor desconfia da resposta, mas não demonstra. Indaga-se, "como surgiram?"

A memória de Homero retorna devagar. Fica em silêncio. Percebe que devia ter um motivo sério para estar ali, não sabe ainda qual?

CAPÍTULO XXV
TRANSFORMAÇÃO

A convivência diária no Quilombo do Piolho e a perda temporária da integridade física, faz Homero se acostumar com os habitantes.

Convidado pelo pajé, participa de várias festas indígenas, das homenagens que realizam, as oferendas aos deuses estranhos, as danças, as músicas e os significados. Homero percebe que dão valor à música, de grande importância nos ritos religiosos. É considerada um presente aos deuses, entristecidos com o silêncio humano. De costumes rigorosos, cantam e tocam em cada ocasião e, algumas vezes, só os homens, com as flautas sagradas, as mulheres se retiram com as crianças, proibidas de vê-los. Usam esses instrumentos nas festas dedicadas aos Apapaatai, uma classe de espíritos que cultuam com poderes de cura xamânica.

Homero impressiona-se com as tradições e pergunta ao pajé como são transmitidas, através das gerações. Não observou nenhuma escolaridade e, os pajés, geralmente, idosos, mesmo sendo possuidores de dons místicos, não são eternos.

O pajé sorri e responde que os ensinamentos indígenas são totalmente orais, transmitem-se em narrativas simples, da vida diária e dos adultos, na praça central. Podem ser também narrações educativas, quando transmitem regras, costumes ou tradições, e usam o canto, barulhos e gestos, para representação de atividades.

A presença da música e da narrativa, continua o pajé, é comum no ensino, e se misturam para explicar as transformações da vida, do nascimento à velhice. Cantos falam sobre os sentimentos amorosos, a vida sexual desinibida, o respeito à simplicidade e à natureza. Quando destinados a algum fim prático ou medicinal, são entoados em voz baixa e passam a ser invocações.

Homero, sente-se bem e sai só, nas manhãs. Vai ao encontro do pajé.

Numa dessas manhãs, o encontra em atendimento a um jovem africano, "algum escravo foragido", pensa Homero, com a memória que se ativa aos poucos.

O pajé explica que o jovem, bastante sonolento, passa por tratamento físico e espiritual. Corria aos gritos, pela floresta, fustigando, com galhos espinhosos, tudo pela frente, plantas, flores, animais de pequeno porte, ninhos de pássaros, até o próprio corpo, com arranhões e feridas. A irmã, preocupada, pediu ajuda. Pergunta se Homero quer assistir o tratamento e o feitor responde sim.

O pajé explica que o tratamento feito a Simão, é uma mistura de religião, magia e produtos naturais usados pelos índios há muitos anos. Religião, porque dependem dos deuses; magia,

porque muitas doenças são causadas por encantamentos de inimigos e também naturais, porque usam plantas e técnicas da natureza.

Índios tocadores das flautas sagradas são chamados, colocam Simão deitado numa rede, próximo ao pajé, semiadormecido, por uma bebida feita de ayahuasca, usada pelos índios brasileiros com propósitos mágicos, religiosos e medicinais. Farão uma invocação aos deuses da floresta. A ayahuasca é usada também contra algum tipo de doença mental ou tristezas profundas, completa o pajé.

Assim que começam a tocar, Homero sente uma sensação estranha, um vento leve passa por eles, penetra na floresta e balança com suavidade as folhas das árvores. Percorre caminhos estreitos, faz aparecer pássaros cantores e bichinhos curiosos. São os deuses da floresta que estão contentes, diz o pajé e agradecem, desfazem o mal que Simão causou. Flores sorridentes se abrem à sua passagem.

Simão desperta da sonolência e é tomado por força estranha. Quer correr, invadir aquele ambiente calmo, voltar à agressividade. Um grupo de índios, preparados, não o impedem de sair, mas vão à frente, numa representação, acariciam os animais, colocam ninhos nos galhos, admiram os pássaros pela beleza dos cantos e o colorido das penas. Não atacam filhotes de animais, nem destroem plantações. Usam gestos e a imitação.

Chegam próximos a Simão e, com massagens, no corpo ferido, tentam acalmá-lo e trazê-lo à rede. Os cantos e o som melodioso das flautas sagradas fazem o antigo escravo angustiado, acalmar e adormecer. Levam-no à tenda onde a irmã o aguarda.

O pajé olha para Homero e não o reconhece. Está estranho, olhos lacrimosos, mãos trêmulas, um sentimento de angústia e depressão o invade. A memória volta, de repente e, ao olhar Simão, reconhece-o como antigo escravo, o trabalho que fazia, as chicotadas que lhe deu, a mando do dono da fazenda. Quieto, cabisbaixo, dirige-se à cabana de Amanda e González; lembra agora o que veio fazer naquela região. Encontra-os afinal.

CAPÍTULO XXVI
DECISÃO

Homero entra na choupana e encontra Amanda e González conversando. Passa rápido por eles e atira-se na rede, tenta equilibrar o pensamento após tantas revelações. O tratamento dado ao jovem Simão o atingiu, fez lembrar a vida passada e o trabalho que recebeu.

Amanda e González espantados, olham-no preocupados. Será que não está bem? Alguma doença ainda o aflige?

Homero não quer encará-los. Raiva, medo, arrependimento, remorso, mistura de sentimentos. Queixa-se de dor na cabeça, pelo excesso de sol, logo passa.

Adormece algumas horas e tem sonhos atormentadores. Está preso numa clareira, cercada de árvores altas com folhas largas e pontiagudas. Balançam com a forte ventania. Sente-se prisioneiro. Surgem índios, com lanças e brados de guerra. Tenta gritar, mas o som não sai. Em desespero, espera a morte e avista, ao longe, as figuras do pajé e de Simão. Acorda chorando.

Amanda corre a vê-lo. Traz-lhe um chá calmante. O sol é forte na mata. Toca sua testa para examinar se tem febre. Recua espantada. O feitor apresenta sinais de reconhecê-la. Olha-a como antigamente.

Deixa o chá e sai à procura de González. O que farão? Com a vida deles e com Homero, sozinho, naquelas paragens. Impedi-lo de voltar, mas como? Deixá-lo ficar na aldeia, como prisioneiro, impossível.

Após ouvi-la, González decide não falar nada. Quem sabe Homero toma a iniciativa de consultá-los.

Homero, um antigo feitor, caçador de escravos foragidos, recebedor de recompensas, passa por verdadeira crise existencial. Resolve encará-los e não os interrogar. A figura do pajé não lhe sai da mente.

A convivência entre os três, na choupana, torna-se insuportável. Homero finge que não os conhece e o casal finge também. Continuam com a vida normal, dentro do quilombo, mas a realidade, agora, é outra. González acha melhor exporem o problema e acabar com a situação. Descobrirem a solução. O feitor agora está só, não é mais o mesmo, difícil encontrar, sem eles, o caminho de volta.

Homero resolve aconselhar-se com o pajé. O maior dilema não é o casal fugitivo, mas a vida que levou e que, por um capricho da sorte, recebeu de volta.

O remorso pelas coisas ruins que praticou, em nome de patrões, pessoas diferentes da sua gente, o faz sentir-se traidor e covarde. Era filho de uma escrava com um branco, dono de

terras que, pela sua coragem e força, o protegeu, designando-o feitor. Gostou. Quanto mais agressivo com os cativos, maiores rendimentos e gratidão. O início foi difícil, mas logo assumiu, com frieza, a profissão. Ficou famoso, recebeu incumbências trágicas, realizou-as com sucesso. Esse novo sentimento, o remorso, deixa-o confuso e incapaz. Quer solucioná-lo. A única pessoa, ali, para ajudá-lo, será o pajé. Sai à procura do curandeiro.

Encontra-o em meio a crianças, no grande pátio central, ouvindo-os numa apresentação de música e dança. O representante geral de todos eles, diverte-se nessa hora de alegria e inocência. Homero não quer interrompê-lo, mas, assim que o vê, o pajé abandona a criançada. Percebe o rosto aflito, olhos chorosos, sente que não está bem.

Leva-o à tenda de atendimento e sentam-se nos bancos feitos de toras de madeira. Homero observa que o curandeiro passa uma tinta vermelha em forma de linhas paralelas na testa e coloca sobre os ombros uma espécie de manta feita de penas coloridas. São os gestos simbólicos de um ouvinte atento para resolver problemas sérios.

— Então, meu amigo, o que o atormenta? Interroga o pajé, com suavidade. Homero, diante de sua brandura, desaba num choro convulsivo.

A um sinal do chefe, uma nativa traz uma poção de cheiro forte e faz-lhe sinais para que beba. Homero obedece e, aos poucos, se acalma. Tenta conversar.

— O homem à sua frente não merecia ser salvo. Carrego nas costas o peso das culpas do passado e deviam me deixar

morrer junto aos companheiros, na enchente. O tratamento dado a Simão mexeu forte comigo, mudou meu coração, meu pensamento, senti como se eu também tivesse que me curar. Principalmente quando percebi que já o conhecia, que fui, talvez, a causa do seu sofrimento. Sou um feitor de escravos e trato muito mal todos eles. Quando fogem, então, procuro até encontrá-los, amarro-os no tronco e dou chibatadas até que desmaiem. Isso aconteceu com Simão.

Chauabiti, olha-o profundamente, não diz nada. Assume uma atitude meditativa e faz um gesto com a mão, para que continue.

Homero toma o resto do chá que sobrou na cuia e continua.

— Vim dar com meus homens nestas matas, meio perdido. Estávamos à procura de um casal fugitivo, a mando do pai de uma moça branca, filha de um fazendeiro, e um índio paraguaio. Sou feitor da fazenda. Apaixonaram-se, ninguém entende como. O índio prometeu voltar para suas terras e deixar a moça, mas assim que ele saiu, ela fugiu, escondida de todos. Procuramos em vários lugares e, quando desistimos, viemos dar nas margens do rio. Sofremos a enchente. Escapei, graças a vocês, seus cuidados, sua medicina e descubro que o casal bondoso que me acolheu, é o casal fugitivo, Amanda e González, que vivem felizes com vocês. Não sei o que fazer da vida!

Chauabiti pede silêncio e entra numa espécie de transe, como se estivesse em comunicação espiritual com algum dos seus deuses. Após alguns minutos, retorna ao normal e fala.

— Meu amigo, foi vontade dos deuses que se salvasse. Recebe de boa vontade a oportunidade de se livrar das culpas passadas, de sentir a dor do remorso e a vontade de receber perdão. Será um novo homem. O casal que persegue é protegido por deuses do bem, em todo lugar. Jamais serão encontrados, se não quiserem. Têm missão especial nessas terras e não serão perseguidos. Para aliviar a dor que sente, aconselho-o a viver um tempo conosco, trabalhar a terra. As dificuldades encontradas com a colocação da semente, o crescimento e a alegria da colheita lhe farão bem e o ajudarão a ser novo homem. Trabalhar na terra! Aconselho-o a mudar para uma tenda da aldeia. Deixa o casal em paz e aprende o cultivo com meu povo. Vai agora, toma mais um pouco de chá e tenta dormir. Umas horas de sono darão o relaxamento necessário depois desta conversa.

Homero se levanta e caminha, em direção à casa de Amanda e González. Sente que nunca mais será o mesmo homem e isso lhe dá prazer, há luz no fim do túnel.

CAPÍTULO XXVII

SAÚDE

Homero se despede, com carinho, de Amanda e González e agradece a hospitalidade. Diante do espanto, afirma que não vai embora, mas para uma tenda da aldeia, vizinha das plantações. Dedicar-se à terra foi a recomendação do pajé.

Animado, apanha os poucos pertences e sai. O casal se tranquiliza, continua no quilombo. Chauabiti o apresenta a Obadi, um nativo antigo, conhecedor das plantas regionais, usadas para a alimentação e a cura.

Homero percebe que a plantação é ligada à saúde. Alimentam-se de legumes, frutas, ervas, que fazem bem ao corpo.

Admira-se com o aspecto saudável dos nativos, diferente dos brancos. Obadi explica que o alimento principal é o inhame, torrado ou moído, que dá vitalidade.

Plantam também a mandioca, que curada no fumo, fazem caldos ou mingaus. Fortalecem doentes, é remédio contra bichos peçonhentos e, misturadas com farinha de milho ou de arroz, o pão. Serve também para fazer vinho medicinal.

Obadi sai com Homero logo cedo para uma clareira, escolhida para a nova plantação. A primeira coisa que fazem é queimar o mato e deixar a terra repousar. Aproveitam as cinzas dos galhos e troncos como adubo. Na época certa, iniciam a plantação dos tubérculos. Serão ralados ou torrados.

Obadi explica que as raízes jogadas na água, até apodrecerem, depois são colocadas num fumeiro. Esse processo se chama Keinrima. Quando necessitam, batem-nas forte num pilão de madeira, até ficarem alvas como farinha de trigo. Fazem um bolinho chamado byyw, muito saboroso.

Toda manhã, Obadi leva Homero para aprender algum tipo de plantação ou colheita. Cresce entre eles um relacionamento amistoso; Homero, impressionado com a sabedoria do idoso e, Obadi, interessado em ensinar a cultura de sua gente a um branco.

Plantam também a erva mate, a mesma da fazenda onde Homero vivia. Preocupado com os escravos, nunca reparou na colheita. Viu que as folhas do mate são secadas no fogo e reduzidas a um pó grosso. Diluído em água fervente, produz a bebida forte, amarga e adstringente, apreciada pelos homens brasileiros.

Com o tempo, mais familiarizado com os índios, Homero repara que plantam de tudo: algodão, amendoim, cana de açúcar, café, tabaco, urucum, feijão, pimenta, milho, frutas como bananas, limão, laranja e, vários legumes. Os homens dedicam-se à caça e a pesca e as mulheres e os idosos, à plantação e confecção das farinhas.

Costumam ter perto de cada tenda, uma pequena horta ou roçado, cercado com taquaras para prevenir invasão de animais. Cultivam a cebola, cebolinha, coentro, couve, hortelã e tomate. Os africanos contribuem na plantação de alguns temperos.

Preparam a terra para o cultivo, sempre próximo a mananciais ou rios, pois precisam de muita água. Aproveitam até a chuva, que fica armazenada em poços ou tubulações de troncos de embaúba e, quando necessitam, escorre por bicas.

Chauabiti aparece uma tarde na tenda. Homero, chapéu grande na cabeça, chega da roça queimado e suado. Depara-se com o pajé e sorri satisfeito. Sente alegria ao ver o homem sábio que o auxiliou.

— Então, amigo, como está? Pergunta o pajé ao vê-lo mais saudável e mais feliz. — A lida na terra lhe fez bem"?

Homero, após uma limpeza rápida das roupas sujas de barro, estava lidando com ervas daninhas, no brejo, senta-se na rede.

— É um homem diferente que está na sua frente, pajé. Sinto-me com saúde, otimista, sem tristeza e preocupação. A amizade com Obadi, os conhecimentos sobre a terra, a ordem da natureza, me ajudaram a equilibrar os problemas do passado. Não o esqueci, mas as atividades foram tantas que mal tive tempo de lembrar. Acho que estou curado.

— Que bom, amigo. Fico contente que o conselho deu certo. E agora, pretende continuar conosco ou voltar para sua terra? As águas do rio baixaram. Se decidir ficar, pode fazer família na aldeia. Os pais da jovem Tainá, ainda não prometida, o viram

na plantação e parece que gostaram de você. Homem trabalhador. A moça lida também na lavoura e faz gosto em ser sua mulher. O que acha disso? Pensa com calma e volto para saber a resposta.

Chauabiti, abraça Homero. Promete voltar após três dias.

Homero, pensa no assunto. Ficar no quilombo para sempre, esquecer-se da vida anterior ou, voltar, com cobranças, mas desejos de ser outro homem.

CAPÍTULO XXVIII
MUDANÇA DE PLANO

Homero demora a adormecer após a conversa com o amigo pajé. Realmente, a indecisão sobre o caminho a tomar o preocupa. Considera-se um homem jovem, viril, e com boa saúde. Havia reparado na jovem Tainá, sim, nativa formosa, de pernas roliças, seios firmes, na ingenuidade das indígenas selvagens, de poucas roupas e enfeites.

Para um macho, como ele, é mesmo tentação tomá-la como esposa. Garantia de vida saudável e simples, sem as aventuras perigosas e maléficas que viveu. Medita nos prós e contras da vida e amanhece, quando encontra a solução.

Sabe que está mudado, não será mais o mesmo homem, com o mesmo emprego, as mesmas obrigações. Vem à memória, fatos da vida anterior que o entristecem, inclusive a lembrança da mulata bonita, Aurora, que protegeu e com quem conviveu por anos, dentro da fazenda; deu-lhe três filhos, já crescidos, colocados na lavoura. Não recebeu a atenção que merecia, tirou-a da escravidão da senzala, mas transformou-a em escrava da casa.

Sua intenção é voltar para a fazenda, em Vila Bela da Santíssima Trindade, confessar ao Doutor Rafael que foi o único sobrevivente da excursão. Foi salvo por uma tribo indígena que, milagrosamente o recuperou de asfixia e infecções. Quanto ao casal procurado, não os achou, que havia algumas pistas de terem ido para as bandas do Chaco paraguaio, segundo conversas de pescadores.

Confessaria não ter mais capacidade no trabalho de feitor, compraria um pedaço de terra, levando a família e se dedicaria à lavoura. Com a ajuda de Chauabiti, acharia o caminho da volta.

Passados três dias, diante de Obadi, já tristonho, com a novidade, o curandeiro aparece para saber a resposta de Homero. No íntimo, já adivinha. Sua experiência e sabedoria da vida humana, independente da raça, garante a resposta.

— Então, amigo. Faremos uma bela festa de casamento? O que decidiu?

Homero, cabisbaixo, agradecido por tamanha acolhida, responde-lhe que não. Tentaria retornar à vida anterior e corrigir algumas ações mal- feitas.

Chauabiti, sorriu satisfeito, não esperou tanta transformação, aplaudiu-o e se colocou à disposição, para um retorno certo à antiga terra.

— E quanto à Amanda e González e à situação dos escravos do Quilombo? Como convencê-los da sua palavra, em nada falar a respeito? Pergunta, preocupado, o pajé.

Homero pensa um pouco e pede que alguns indígenas, de confiança na tribo, o acompanhem. Ficariam escondidos e armados, pela mata. Se faltasse com a palavra dada, sua vida, correria perigo. Havia outras tribos na região que os ajudariam. Os brancos não se misturavam com eles, com medo de represálias.

O pajé aceita a sugestão e percebe que é sincero. Homero está realmente mudado. Agora, teria que convencer Amanda e González. O mais difícil. Transmite a eles o resultado da conversa com Homero. Diante da dúvida apresentada por Amanda, Chauabiti explica que achou sinceridade na proposta de Homero. Poderiam aceitar como válida essa mudança. Seu instinto sobre o bem e o mal lhe intuía que deveriam acreditar.

Amanda e González vão para casa e, duvidosos, acham que talvez devessem fugir para o Chaco paraguaio, a terra tão comentada pelo marido.

Despedem-se amigavelmente de Homero, que foi através do rio, acompanhado por cinco guerreiros, em direção à Vila Bela. Com a convivência entre eles, fica difícil crer que poderia denunciá-los ou trazer soldados ao quilombo, prejudicá-los.

CAPÍTULO XXIX

O INESPERADO

Homero, são e salvo, na Vila Bela da Santíssima Trindade, dirige-se à fazenda de Dr. Rafael. Dona Eudóxia, abatida, vestida de preto, se dirige, rapidamente, a ele, muito aflita. Quer saber logo das novidades e sobre a filha fugitiva. Necessita da filha com urgência. O marido acaba de falecer de um ataque cardíaco e esperou vê-la, antes de morrer. Única filha, herdeira de tudo. Pretendia perdoá-la, juntamente com González, se estivessem juntos.

Homero, surpreso, conta-lhe que por pouco não morreu, mas viveu algum tempo em uma tribo das proximidades, e se recuperou. Dona Eudóxia pergunta:

— E avistou Amanda e o indígena? Teve notícias deles? Gostaria que voltassem! Não sei o que fazer na fazenda. Como lidar com os escravos, plantação, desconheço como Rafael agia. Talvez venda tudo e volte ao Rio de Janeiro.

Homero fala o combinado, que não os viu, mas ouviu conversas de pescadores que haviam embarcado para o Chaco paraguaio. No íntimo, compadece-se da mulher. As coisas são diferentes, com a morte do pai. Sinhazinha Amanda será a dona de tudo. O destino fez diferença na situação. Precisa explicar aos índios e voltar ao quilombo. Contar-lhes tudo.

— Você não iria até esse Chaco Paraguaio? *É muito longe? Quem sabe consegue encontrá-los e Amanda volte para casa. Com ou sem o companheiro nativo. Estou disposta a aceitá-lo.* Pergunta Dona Eudóxia.

Homero sai da fazenda em confusão. Promete, aparentemente, fazer nova excursão para achá-los, mas, no íntimo quer voltar ao quilombo e contar a verdade a Amanda.

Conversa com os selvagens que o fiscalizam e resolve voltar ao quilombo.

Após alguns dias em casa, com Aurora, fala o que está acontecendo, suas dúvidas, a ideia de buscar a moça. Promete voltar para trabalharem na plantação, fazer uma roça. Apoiado pela mulher, que simpatiza com Amanda desde pequena, parte com os amigos indígenas em direção ao Quilombo do Piolho.

Faz uma viagem rápida, sabia o caminho e é reconhecido pelos guardiães do quilombo, que o cercam. Deixam-no entrar e levam-no ao pajé. Chauabiti, curioso, pergunta-lhe:

— Por que voltou? Perderam-se?

— Ao contrário. Trago excelentes novidades. Necessito falar com Amanda e González.

O pajé chama o casal que se prepara para viajar. Amanda sente a morte súbita do pai, o sofrimento da mãe, tão despreparada, mas receia voltar. Acha ilusão a mãe aceitar González. Teme perseguições.

Homero a lembra que é a herdeira, com condições e decisões da própria vida. O dono tem direitos e é respeitado por todos.

González, que pretendia voltar ao Chaco e nunca imaginou ser dono de fazenda de brancos, volta com Amanda e Homero para a Vila Bela da Santíssima Trindade. O amor à mulher é mais forte que sua origem. Serão o primeiro casal de raças diferentes, com poder nas terras brasileiras.

CAPÍTULO XXX

E TUDO MUDA

Dona Eudóxia, ao avistar Amanda, corre a abraçá-la e chora copiosamente. Pensou nunca mais ver a filha. Cumprimenta González com simpatia e esquece o olhar arrogante que dirigiu ao conhecê-lo. Recebe-os bem.

Amanda e González se instalam nos antigos aposentos e tentam se acostumar aos novos hábitos, não mais fugitivos, mas patrões.

Os habitantes da fazenda olham com curiosidade para González, um nativo, de pele avermelhada, cabelos longos e lisos, mas sentem simpatia e boa vontade em trabalhar para ele. O marido da Sinhazinha fugitiva, que largou tudo pelo amor. Sempre os protegeu e defendeu. Devem-lhe obediência.

Amanda recomeça o trabalho na plantação, orientando e dirigindo escravos e colonos. Recompensa Homero pela lealdade com uma terra boa ao cultivo, deixa-o continuar com a família,

na fazenda. Alivia a mãe de atividades importantes, colheita da erva mate, armazenamento, distribuição e venda, das quais não tinha preparo algum. Ela também aprende aos poucos. Recebe orientação de González, conhecedor dessas tarefas desde menino.

O indígena percorre a região antes do amanhecer, verifica as terras e matas. Acompanhado pelos mais antigos, logo alcança respeito e admiração. Conhecedor de plantas e árvores, descobre e denomina algumas que desconheciam.

Dona Eudóxia agradece a Deus pela volta da filha e o genro que recebeu, frequenta as famílias amigas da cidade e as atividades das senhoras na igreja matriz. Torna-se íntima do arcebispo, fazendo-o seu confessor. Dom Salvador de Sá se lembra de González e como o ajudou. Logo a interroga sobre a vida em comum do casal, preocupa-se com a união. Comenta que ouviu algumas fofocas das beatas do lugar e ficou contrariado, gostaria de regularizar a situação dos dois.

Dona Eudóxia, ao chegar em casa, avisa Amanda que, a conselho do arcebispo, precisa realizar o casamento católico, divulgar à sociedade local e alguns amigos do pai, que é casada com González, o índio paraguaio, com registro em cartório civil, sendo ele também herdeiro da fazenda.

Amanda sorri diante da conversa da mãe e afirma que se casou dentro das leis de González, achando válido o cerimonial, mas compreende que foi educada na Igreja Católica e irá satisfazê-la. Acredita que González, convertido ao Cristianismo, não fará oposição. Gostaria de um casamento simples, sem luxo, como aprendeu na tribo que conheceu.

Dona Eudóxia já sonha com o casamento da filha e os preparativos que fará. Consulta as melhores costureiras locais sobre a confecção de um belo enxoval e o vestido de noiva. Gostaria de renda francesa, encomenda na capital. A cerimônia será na Igreja, contra a vontade de Amanda, que prefere a fazenda e, como convidados, os moradores.

Após muitas modificações, Amanda e González concordam em se casar na catedral, com coral e flores escolhidas pela mãe, anteveem, com preocupação, que será o grande acontecimento de Vila Bela. Toda essa pompa ocasionará grandes gastos e eles estão com pouco lucro. Na verdade, o pai deixou a fazenda com dívidas, havendo na plantação da erva-mate, o conhecido tererê, muitos concorrentes.

Chega o grande dia! Cerimônia rica na esplendorosa Catedral de Vila Bela da Santíssima Trindade. As personalidades importantes são convidadas. González, forçado a cortar os cabelos compridos, exigência de Dona Eudóxia, aborrece-se, mas, no altar, avista a noiva que entra, sua Amanda, delicada, suave, em renda chantili, cabelos soltos e cacheados, ao som da marcha nupcial, entusiasma-se e, comovido, compreende que a cerimônia da Igreja Católica é superior aos seus costumes. Terão um belo e abençoado casamento.

Acabada a cerimônia, os festejos são feitos na fazenda, com um requintado almoço, que perdura até o anoitecer. Os noivos, cansados, retiram-se amáveis e gratos.

Dona Eudóxia pretende levá-los à capital, para um passeio, como presente de núpcias. Filha sua deveria ir à Europa, mas foi tudo decidido às pressas, pelo menos terão um passeio ao Rio de Janeiro.

Amanda e González, no dia seguinte, chamam Dona Eudóxia para uma conversa. Sentem estragar a alegria da mãe, mas é necessário que tenha conhecimento da verdadeira situação da fazenda.

Os gastos com o casamento foram altos e somados às dívidas anteriores encontradas nos papéis do falecido pai, talvez tenham que vender a fazenda.

A mãe, triste e cabisbaixa, emudece. Não acompanhou as negociações do marido. Possui uma casa da família, na capital, não sabe como está, mas poderão voltar, numa emergência, afirma após o comprido silêncio.

Retira-se para o quarto, de onde não sai mais naquele dia. González e Amanda pensam numa solução.

O nativo, conhecedor de mudanças e aventuras, continua cavalgando pelas matas, nas madrugadas. Só retorna com o sol alto. A vida na fazenda segue seu curso com os colonos e escravos que restam. Continuam no trabalho. Muitos foram dispensados e, os mais velhos, alforriados.

Numa dessas manhãs, González volta animado, mais falante do que costuma. Na companhia de alguns habitantes, continua a lidar com plantas e verificar as árvores da região. Descobre uma diferente, mais afastada, que faz grupo com outras da mesma espécie. Segundo o mais antigo morador local, o tronco descasca com o tempo e forma nova casca. Seu nome deve ser sobreiro. A casca é macia e serve para confecção de objetos duradouros, quando bem trabalhada. A árvore não se destrói, continua oferecendo nova casca no tronco, com o

tempo. González, acidentalmente, descobre a nova riqueza da fazenda. A formação, na natureza, de um novo vegetal, a cortiça, originária do tronco de árvores, ainda desconhecidas e raras na região.

Lembra-se de antigas conversas do pai com imigrantes portugueses, no Chaco, que falavam sobre isso. Um material extraído do tronco de árvores milenares, utilizado desde tempos remotos, com várias utilidades, como telhas para habitações, sandálias e outros utensílios domésticos.

Comenta com Amanda e Dona Eudóxia a descoberta e acredita que resolveu o problema econômico da fazenda. Além do mate, utilizarão a cortiça para venda às várias cidades dos arredores. Quem sabe, ao país todo.

O sonho se realiza. Em pouco tempo, o nome de González e da fazenda Rafael Paes de Barros tornam-se famosos pelo cultivo e produção da cortiça. Com trabalho e amor, o nativo consegue pagar as dívidas existentes e proporcionar vida melhor a todos. Vila Bela da Santíssima Trindade se transforma, além de atração turística, em grande centro comercial.

Amanda e González, o casal diferente, pela união de duas raças, a predominante e a outra, nativa, são amados e respeitados pelas famílias da região.

Dona Eudóxia, feliz, aguarda, ansiosa, a vinda do neto, quando descobre a gravidez de Amanda! E tudo mudou mesmo...

CAMILA LOURENÇO GIUDICE

Pintora, Ilustradora, Bacharel em Direito, Organizadora de Eventos e proprietária da Verniz Artes Visuais Produção Cultural, Eventos e Moda. Editora e idealizadora da Revista virtual Verniz Artes Visuais.

editoravernizartes@gmail.com

(11) 99463-0489 / Instagram: @vernizartes

Revista Verniz Artes: issuu.com/vernizartes

Site: https://lourencogiudice.wixsite.com/camilagiudiceart

Produção literária pode ser vista em: www.editoramatarazzo.com.br